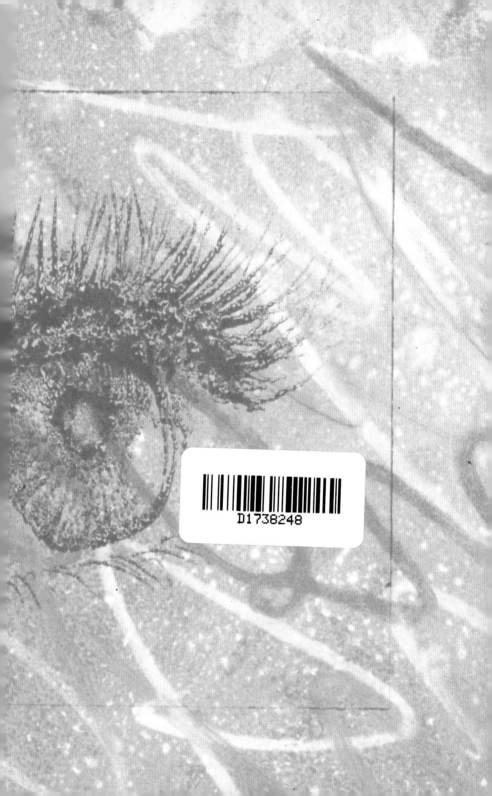

D1738248

MAGIA NEGRA, MAGIA BLANCA

INTRODUCCIÓN

Magia es el arte que trata de conseguir resultados no habituales usando ritos, sustancias materiales o invocando a seres sobrenaturales buenos o malos. La palabra magia proviene de mago, nombre dado a los sacerdotes persas, que originalmente significaba sabiduría. Un mago puede engañar, presionar y hasta obligar a sus seguidores o espectadores a que admitan como bueno y real lo que les está mostrando, por lo que podemos considerar a la magia aún más antigua que la religión en la historia de la Humanidad.

*La **magia blanca** es el arte de emplear cosas naturales para realizar efectos extraordinarios que parecen sobrenaturales. La **magia negra**, además, es un arte supersticioso con el cual se afirma que se cuenta con la ayuda del diablo para hacer cosas habitualmente reprobables o más importantes.*

Ahora usted entrará en el mundo misterioso, y en ocasiones tenebroso, de la magia y los magos, pero también de todos aquellos que, de algún modo, han llegado a hacernos creer que hay algo más que la cotidiana y frecuentemente aburrida vida que llevamos. Junto a quienes solamente buscan crearnos ilusiones y engañarnos con sus trucos de prestidigitación, están también los vampiros, brujas, hechiceros, demonios y practicantes del vudú, personajes todos que solamente causan sonrisas a quienes se mantienen prudentemente fuera de su alcance.

Advertencia seria:

Por si acaso todo o algo de lo que aquí se menciona fuera cierto, le recomendamos que no efectúe ninguno de los sortilegios ni conjuros que describimos y se limite, simplemente, a leerlos con detenimiento y a meditar sobre ellos.

Justificación

Magia y religión están directamente relacionadas, y se piensa que la mayoría de los milagros estuvieron elaborados por personas expertas en el arte del ilusionismo o la magia, cuyos efectos fueron aumentados por la fe de los creyentes. Aun así, no es fácil establecer la diferencia entre magia real, milagro, ilusión o fenómenos inexplicables. Por ello, el paralelismo existente entre los rituales mágicos y las ceremonias religiosas es notorio, lo que nos lleva a la conclusión de que ambos tratan de elevar, o someter, al asistente a un estado de ilusión intenso en donde no sepa la diferencia entre realidad e imaginación.

Del mismo modo que la magia es definida como un ritual cuya ejecución tiene como finalidad el deseo de producir un determinado efecto, *las religiones persiguen igualmente hacer razonar al individuo sobre su comportamiento y sus consecuencias, empleando para ello ambientes, palabras, gestos y hasta olores que favorezcan estas reflexiones.* No hay, por tanto, nada de reprobable en ambos sistemas, del mismo modo que no lo hay cuando un psicólogo pide a su paciente que se tumbe para que se relaje y le cuente sus problemas.

Frecuentemente, todavía escuchamos a quienes dicen que la magia es solamente un intento de manipular la mente de las personas, haciéndolas creer que ciertas fuerzas espirituales o sobrenaturales podrán llegar hasta ellos mediante sus rituales. Pero en una sociedad como la nuestra, en la cual todo el mundo presiona los deseos y la mente de los demás (publicidad, política, noticias y psicólogos), es inaceptable que alguien nos diga quién debe y quién no puede manipular a los demás. La relación que existe entre magia y ciencia nos parece abismal, especialmente porque los científicos son quienes más tratan de advertirnos que la magia es puro engaño e ilusión. Afortunadamente, muchos buenos científicos y antropólogos, precisamente aquellos que ejercen con mayor eficacia su profesión, no descartan ninguna posibilidad relativa a la eficacia de la magia, y nos dicen que *la magia es una forma primitiva de ciencia que busca explicar tanto las causas como el carácter de los fenómenos naturales*. También nos dicen que es una forma tradicional del pensamiento mediante la cual la Humanidad ha tratado de unir tres sistemas para explicar la existencia: magia, religión y ciencia.

Para muchos la parte negativa de la magia no es la manipulación de las mentes, sino el hecho de que algunas personas traten de sustituir a la ciencia por magia para explicar cualquier fenómeno, algo que resulta plausible cuando la ciencia navega entre la ignorancia y la petulancia. También se dice que solamente creen en la magia las personas ignorantes, aunque no sabemos si se refieren a la ignorancia científica o la mental. Lo cierto es que entre los libros más vendidos en el mundo entero están siempre aquellos que hablan o explican la magia y todos sabemos que la compra de un libro es algo habitual en las personas cultas e inteligentes, con lo cual queda explicado que el interés por la magia es de todos.

Pudiera ser, o al menos es una opción, que la magia sea un recurso fácil para explicar fenómenos que la tecnología no permite reproducir a voluntad o para llevarnos a admitir definitivamente que en el universo hay muchas más cosas de lo que nuestros cinco sentidos perciben. También pudiera ser que a los rituales mágicos acudan solamente personas que quieren mitigar su ansiedad, pues a través de estas ceremonias consiguen sacar al exterior sus demonios, al menos mucho mejor que en una sesión de psicoanálisis. Tumbarse en un diván y hablar largamente con un psicólogo posiblemente no sea mejor que participar física y anímicamente en una ceremonia de magia. Indudablemente, formar parte de un grupo esotérico refuerza la solidaridad social y ayuda a que otros escuchen nuestros problemas.

Si, como ya he dicho, la magia puede aportar grandes beneficios psicológicos a sus practicantes, tampoco debemos descartar la posibilidad de que mediante ella se puedan alcanzar estados mentales especiales que nos permitan contactos con el más allá, ese lugar del que nadie quiere volver. Puesto que seguimos sin saber apenas nada sobre nuestro destino después de la muerte y tampoco nada sobre dónde estuvimos antes de esta existencia, es razonable que existan miles de personas inquietas que no se conformen con las explicaciones de la religión, ni mucho menos de la ciencia.

Existen tantos fenómenos científicos o tecnológicos que no comprendemos, junto con la necesidad angustiosa por conocerlos, que *recomendamos a todos los científicos una aproximación más imparcial y exacta al mundo de la magia*. También se lo recomendamos a quienes estudian o trabajan en materias relacionadas con la mente humana, sobre el comportamiento y las relaciones sociales, pues posiblemente encuentren datos clarificadores que no existen en ningún libro.

¿Qué es aquello que nos impulsa a los seres humanos a creer en cosas que no podemos dominar ni comprender? Las diversas culturas siempre han elaborado sistemas de creencias, religiones en especial, basados en supuestos cuya validez deriva de su propia naturaleza. La experiencia de los miembros más inquietos de una sociedad determinada les lleva a proporcionar explicaciones fáciles de entender sobre los temas más inexplicables en apariencia. Desde una perspectiva científica se considera que estas creencias son supercherías, y por tanto engaños, mientras que para otros son sagradas, es decir, obra de los dioses o entidades que no pertenecen a nuestro mundo. Pero en realidad se trata de creencias que están en nuestro interior desde que nacemos y que solamente afloran en determinados momentos de la vida, aunque parte de nuestro comportamiento cotidiano depende de ellas.

Si nuestro interés por estas creencias aumenta, podemos llegar a sentir emociones inéditas hasta entonees y conocer gentes y modos de vivir que ni siquiera imaginábamos. La barrera que en la magia separa a los creyentes y a los escépticos es tanta, que resulta imposible cualquier diálogo cordial entre ellos. Para el profano es todo pura mentira de sus divulgadores, para el científico son cosas imposibles de probar y para el médico todo es producto de nuestra imaginación.

Bueno, dejemos que cada cual siga con sus convicciones, pero al menos admitamos que hay personas a nuestro alrededor que son capaces de percibir fenómenos y sensaciones que la mayoría no puede, del mismo modo que debemos dejar una puerta abierta a los fenómenos inexplicables, no tratando de inculcar a las gentes sobre la imposibilidad de que exista algo más de lo que percibimos habitualmente.

¿Por qué es importante estudiar la magia?

Las razones para estudiar magia son muchas y variadas. Posiblemente su primer deseo sea el de querer ser el amo de su propio destino, en lugar de seguir los designios del azar. También es posible que le muevan razones de popularidad o financieras (frecuentemente las dos juntas), y también haya oído hablar que los sabios subirán a la cima del prestigio y el poder. Otras personas solamente están interesadas en aumentar sus conocimientos y muchas más estarán movidas simplemente por la curiosidad morbosa ante la posibilidad de poder lograr grandes cosas mediante la magia.

Si algo de esto es cierto, ¿por qué no usar la magia para conseguirlo?

Hay a quienes les intrigan motivos religiosos, pues la lectura de la Biblia apenas habla de magia, aunque frecuentemente emplea la palabra milagro. La diferencia está, no en el hecho en sí extraordinario, sino en su procedencia divina o terrenal.

Los defensores serios del estudio de la magia alegan que no es posible entender las religiones del mundo sin conocer a la madre de todas ellas, la magia, pues detrás de cada hecho insólito puede haber más truco que acto divino.

Muchos estudian los «trucos» y las técnicas mágicas sin antes borrar sus propios miedos, con lo cual el peligro para ellos es muy grande al confundir frecuentemente los resultados. Quieren conseguir la felicidad o la paz espiritual mediante unos mecanismos nada aconsejables, y deberían hacer antes las paces con su inquieto espíritu.

Otra cosa es que su salud ya esté resquebrajada y que su médico le haya asegurado que su enfermedad es incurable; ya sabemos que éste es un eufemismo, pues deberían decir que él no puede curar su enfermedad. Por eso si su deseo es desarrollar su mente para ejercer algún efecto positivo y mejorar su salud, y cree que posiblemente lo encuentre a través de la magia, no hay mayor peligro en ello que cuando toma medicamentos.

Desde hace miles de años se utilizan métodos ancestrales de magia y exorcismos para solucionar las enfermedades y no creemos que todo sea pura imaginación o superchería. Tantos miles de personas no pueden estar equivocadas sobre el mismo asunto.

En la actualidad, hay quien asegura que el principal sistema de creencia esotérica es la religión, pues no hay asignatura que trate de explicar con más insistencia acerca de lo sobrenatural. La magia, por su parte, trata de dirigir estos fenómenos en lugar de aceptarlos simplemente, basándose en la capacidad del hombre para controlar aspectos sobrenaturales. Finalmente, y como parte más negativa y justamente la que menos explicación proporciona, tenemos a la ideología que trata de darnos una explicación «racional» sobre la naturaleza de estos fenómenos desvinculada de lo sobrenatural, así como la ciencia, pues aun admitiendo los hechos buscan su origen real.

Pero a pesar de los esfuerzos de unos por anular la tendencia del hombre por creer en las fuerzas «ocultas» y la de otros por darle una explicación más racional a ellos, *la sociedad moderna sigue empeñada en analizar y practicar todo lo que aún está oculto o rodeado de un halo de misterio*. No hay manera de detener esta ansia por vivir nuevas experiencias, como tampoco se puede evitar que nuestra forma de pensar y nuestras creencias religiosas permanezcan inmutables o con minúsculos cambios. Si dejamos de pelear y miramos las cosas desde otra perspectiva, las prácticas como el ocultismo, la magia y parapsicología pueden ser consideradas como sistemas de creencias que buscan proporcionar una mejor visión del mundo y la existencia a sus practicantes.

Magia buena y magia mala

La habilidad con estas técnicas separa lo positivo que tiene la magia mala mediante las emociones que pone en funcionamiento la bruja cuando efectúa los sortilegios. Si las acciones son pedidas por amor y con el deseo de ayudar o sanar a alguien, el funcionamiento de la magia buena es muy útil y benéfico, salvo para aquellos a quienes no les gustan los resultados de la magia y se burlan de ella. Si el deseo es dañar a alguien y su modo de funcionamiento está expresado a través del odio, se convierte en magia mala, con unas consecuencias imprevisibles.

La Destreza (Skill), término con el cual se define la magia negra, ha recibido muy mala prensa. En estos comentarios se han dicho cosas que son directamente opuestas a la realidad, aunque dichas de esta manera se logra vender diarios y revistas sensacionalistas. No obstante, ha servido igualmente para atraer la atención de las personas ante estas técnicas y su posible valor.

MAGIA BLANCA

Aunque se considera como magia positiva, ello no indica que la magia negra sea negativa, al menos en el sentido de buena y mala, del mismo modo que blanco y negro, día y noche, masculino y femenino son cosas diferentes pero complementarias.

La magia blanca se practicaba ampliamente en Eleusis, una antigua ciudad de Grecia, situada a 15 km de Atenas y que fue considerada como una ciudad sagrada. Allí estaba el santuario dedicado a Deméter (Ceres), en el cual se celebraban los llamados misterios de Eleusis. Deméter es la diosa griega de la naturaleza y la fecundidad, hija de Cronos y Rea, y cuyo nombre deriva de Madre de la Tierra. Ella representa la tierra cultivada, la que proporciona alimento a los hombres, especialmente trigo, y su figura es estudiada intensamente en la religión griega de la teogonía.

Deméter tuvo una hija de su hermano Zeus, Core, de la cual se enamoró Hades, el dios de los Infiernos. Un día la joven fue raptada y arrastrada al reino de las sombras, y sus gritos alertaron a Deméter, que durante nueve días y nueve noches recorrió el mundo en su busca. Desalentada por su fracaso, y después que Helios le contara la verdad, se marchó del Olimpo y adoptó la forma de una anciana, llegando en su vagar hasta Eleusis, en donde fue contratada por el rey Céleo como nodriza del pequeño Demofonte. La leyenda termina con la subida de Démeter, durante la primavera, a la Tierra, a través de la savia de los árboles, cubriendo la tierra con un manto vegetal y haciendo que las semillas germinasen.

Junto a estas prácticas, que se extendieron a los griegos, egipcios, romanos y celtas, las prácticas judías estaban relacionadas con la Cábala e inspiradas en el Talmud. Los cristianos también utilizaban la Cábala como sistema para interpretar los textos sagrados, y muchas de las ceremonias de aquella época se conservan aún hoy durante los rituales de la magia blanca.

Su mayor auge lo tuvieron durante el siglo XIX, en el cual salieron a la luz numerosas asociaciones que hasta entonces estaban secretas, fundándose varias escuelas y fraternidades, derivadas esencialmente de otras medievales en su momento prohibidas.

El estudioso o el interesado podrá practicar cualquiera de estas ceremonias, sin que el origen sea realmente importante, pues todas emplean sistemas similares y lo más importante es la dedicación, la erudición y los resultados. No obstante, para llegar a unos buenos resultados es necesario aprender astrología, numerología, metafísica y alquimia, pues estas ciencias aportan ciertos conocimientos que no se pueden adquirir de otro modo.

Las palabras son importantes en la magia blanca, lo mismo que en la mayoría de las técnicas esotéricas, así como las combinaciones numéricas, los símbolos, la luz y los sonidos.

El ritual puede ser muy cerebral, científico e investigador, aunque también es frecuente que se encuentre con grupos que prefieren la espiritualidad y el contacto con ángeles o entes benéficos, sin olvidar el contacto con la naturaleza. Obviamente no habría magia si no estuviera todo adornado con sotanas y prendas especiales, instrumentos purificados y bendecidos, incienso, altares diversos, rituales de purificación y hasta comidas especiales y ayunos.

Al igual que en otras prácticas en donde se pretende el contacto con entidades del más allá, en el suelo se trazan círculos y diagramas diversos, en donde se supone se concentrarán todas las fuerzas que son llamadas. Si la secta está bien organizada, habrá un maestro, una bruja y muchos discípulos, así como los oportunos sistemas de graduación de los iniciados, hasta finalizar con una licenciatura en magia negra.

Todo el ritual persigue armonizarse con las fuerzas del universo, buscando unos objetivos elevados que ayuden a mejorar las relaciones humanas y la unidad. Entrar en un grupo así exige dedicación, esfuerzo y un profundo estudio de las leyes kármicas y de la filosofía en general.

Es importante seguir estas reglas para que toda práctica sea benéfica

- No profanar nunca ni burlarse de ninguna religión y ni siquiera de los dioses de la mitología.
- No emplear objetos sagrados de otras religiones, al menos para degradarlos.
- Hay que evitar convocar o hablar con los demonios y posiblemente tampoco sea deseable hacerlo con los ángeles o los santos.
- Nunca se deberá emplear los sortilegios para hacer daño a nadie.
- Si un miembro quiere abandonar la congregación hay que dejarle ir libremente.
- Hay que moverse o bailar en la dirección de las agujas del reloj.
- No efectuar oraciones o llamamientos para venganzas ni actos de justicia.
- Las plantas medicinales o pociones que se empleen deben ser totalmente inocuas.
- Se pueden emplear fotografías u objetos de personas concretas para pedir salud o felicidad para esa persona, pero nunca para desear mal.
- El idioma empleado debe ser fácil de entender por todos.

Palabras de poder básicas

Esta oración supone la base para cualquier petición o deseo y el practicante solamente deberá cambiarla según su petición personal. Por ejemplo, cambiará el término realización por trabajo, dinero o amor, pues lo importante no es recitar las palabras exactamente, como si fuera una plegaria religiosa, sino la esencia.

1. Hay un poder (puede poner, añadir o sustituir por Dios u otro ser).
2. Y ese poder me permite realizar mis deseos (añada: de amor, trabajo, paz, etc.).
3. Y a mí (añada su nombre), que soy una parte de ese Poder,
4. Me corresponde lograr la perfecta realización de mis deseos de (añada: trabajo, amor...).
5. Para mi propio beneficio y el de los demás.
6. Y esto lo hago por propia decisión y con libertad.
7. Y así quiero que sea, ahora y bien.

Eterna magia

¿Por qué después de todos estos siglos de supresión y persecución, en que la magia ha sido difamada y ha dado lugar a toda clase de perversiones salvajes, hay todavía varios miles de personas que todavía siguen con esta actitud inquisidora? *El mismo hecho de su existencia después de todos estos años de persecución nos dice que hay algo aquí de inmenso valor que no puede obtenerse en ninguna otra parte.* Si estos valores pudieran obtenerse en cualquier otra parte, ¿por qué sus seguidores actuales tendrían interés en poner su vida en riesgo, tal como dicen que ocurre con la práctica de la magia? La respuesta, por supuesto para cualquier persona sensata, es obvia.

La primera de las mentiras, reminiscencia de comentarios antiguos, es que se está «vendiendo el alma al Diablo», para ganar poder, fama o fortuna. Esta enorme estupidez parece comprensible que sea divulgada por la Iglesia, pero ya me dirán qué peso verídico puede tener en quienes ni siquiera creen en el diablo.

El resto de la frase, sin embargo, es correcto, pues la magia, negra o blanca, persigue mejorar la calidad de vida de sus practicantes, ya que no tendría ningún sentido que la estropease; a este fin ya existen demasiadas cosas a nuestro alrededor que lo hacen gratuitamente y sin esfuerzo.

Una explicación más real

Las brujas entienden que este mundo mortal es meramente una sombra del real, el Mundo Mental. Todo debe existir en el Pensamiento, o el Mundo Mental, y luego se manifiesta en el Mundo Mortal. La primera lección que se enseña al recién llegado a la Destreza es cómo manipular esta realidad mediante el mundo del pensamiento para obtener algo concreto, incluso trabajos, posición social, dinero o propiedades que cubran las necesidades de la persona. La Destreza no tiene la idea filosófica de que ganar dinero es malo ò sucio. Todo el mundo reconoce que hay que tener dinero, pues es el medio actual para intercambiar bienes o servicios. Es simplemente un sistema mundial para seguir efectuando trueque de un modo sencillo y controlable.

La magia quiere enseñar a las personas a conseguir todo lo que desean, aunque suelen avisar que la codicia no es parte del amor que igualmente tratan de inculcar. Para muchos es una manera de llegar a la perfección espiritual, pues sus maestros son conscientes de que el mundo está lleno de tensión, mentira y violencia; que en todos nosotros hay dolor y sufrimiento, y que la falta de humanidad es lo que ocasiona los conflictos, la competición y la codicia. En el momento en que alguien nos pregunta sobre los deseos para nuestra vida, simplemente lo solemos definir como «vivir bien». También añadimos que no queremos pasar hambre, después pedimos salud, y si esto está ya cubierto demandamos amor, seguridad, paz y serenidad en nuestras almas. Para abreviar, buscamos esencialmente cosas materiales, pues a través de ellas podremos llegar al bienestar espiritual.

La magia es uno de los medios disponibles para lograr todas estas cosas, y dependerá del método y la técnica empleados como lograremos alivio de nuestros sufrimientos y traeremos la felicidad a nosotros y a otros que la necesiten, consiguiendo con ello mayor sabiduría y perfección.

Se ha dicho que la alegría es la señal más segura de la presencia de Dios, pero cuando la magia explica que también es una gran escuela en donde se emplean todos los medios para hallar la alegría y la paz con nuestros semejantes, se la critica, tanto por el sistema como por el fin. La Destreza es un estilo de vida que se logra practicando intensamente sus principios y no un ceremonial sonoro o un juego intelectual para mentes inquietas o complejas. En la Destreza se busca primero la armonía dentro de uno mismo; luego la armonía con otros, y finalmente entrar en armonía con la Sabiduría más alta que gobierna toda la creación.

La Destreza no aporta trucos para ganar sabiduría y se enseña que el más sabio se reconocerá finalmente como el menos sabio y que la ayuda a uno mismo se consigue fácilmente mediante la ayuda a los demás.

El amor

Usted no recibe cosas para que pueda sentirse bien, usted tiene que sentirse bien para que pueda recibir cosas.

La mayoría de la gente cree y trata de que ocurra al revés, y esperan que cuando las cosas lleguen a ellos estarán más contentos. Pero para que las cosas vengan a usted y hagan que se sienta feliz, debe encontrar el sentimiento de felicidad primero, imaginando que ya tiene esas cosas.

¿Quiere usted amor? Las creencias sobre las «pociones de amor» son, por supuesto, cuentos de esposas viejas que quieren mantener idilios con jóvenes o de jóvenes que quieren conseguir que les amen sin esfuerzo alguno por su parte. Sin embargo, el mismo poder con el que las brujas trabajan es el amor y un consejo que suelen repetir es que el amor se logra con la práctica.

Para la inmensa mayoría, el verdadero amor es siempre el primero, pues lo consideran puro y sin intereses materiales. Como esto no es cierto, sino solamente un sueño de adolescente, mediante la Destreza se trata de lograr que el amor intenso no cause sufrimiento, ni físico ni mental, lo que es ciertamente difícil, y de conseguir que los momentos de felicidad superen cada vez más a los de dolor. Cuando usted sepa entregar amor, encontrará amor en los demás, pero *la llave de la felicidad seguirá dependiendo de usted, no la delegue en nadie.*

La Destreza le promete la magia, los medios, para conseguir sus deseos, pero debe aprender a realizar sus propios milagros, y cuando lo consiga encontrará que es verdaderamente libre. Cualquier persona, sea varón o hembra, que tenga un buen pensamiento y decida de buena fe aprender estos principios, se dará cuenta que con el tiempo termina siendo como un sacerdocio, como un sistema de ver y llevar la vida muy saludable.

SATANISMO

¿Quién no es seguidor de Satán?

La mayoría de los lectores asegurarán no ser satánicos y considerarán esas creencias como maléficas, equivocadas y frecuentemente dañinas. Algunos no pueden ni siquiera encontrar una motivación para interesarse realmente por estas creencias, en parte porque no las consideran «serias». Pues preste atención, porque, aunque crea que esto no va con usted, posiblemente cambie de opinión.

En primer lugar, hay miles de personas que deberían llamarse adoradores de Satán y no lo saben, pues nadie les ha catalogado como tales. Nosotros ya sabemos quiénes pueden entrar en esta categoría, pues ellos se encargan diariamente de demostrarnos lo que son realmente. Efectivamente, no deberían ocultarse las inclinaciones hacia los postulados de Satán y ni siquiera a ser considerados como «satánicos», pues los verdaderos satánicos se muestran en sus acciones, no en su retórica.

A muchos les gusta ser considerados inteligentes, a otros más por lo que logran y los más por lo que tienen. Ésa es una prueba sencilla de las ambiciones de cada uno y lo primero que diferencia a un satánico de un no satánico. Cualquiera de ellos intentará día a día ser tan malvado como pueda y le permitan, pues nadie concursa sin desear ganar a toda costa. Uno de los mecanismos que impone la sociedad para mejorar nuestra «calidad de vida» es ganar al contrario y escalar un peldaño más alto que nuestro opositor. Quien no se esfuerce por conseguir un empleo entre mil aspirantes o ser ascendido a jefe de sección, será menospreciado por su falta de combatividad. Éste es el mecanismo por el cual se rigen todas las sociedades modernas.

Los políticos se felicitan cuando han ganado a su opositor y hablan de arrasar y expulsar a su adversario durante sus mítines, como si ese opositor no fuera un compatriota suyo que está en el mismo barco. Y cuando pierden, su bilis les sale por todos los poros y se inventan «una moción de censura» o se unen a aquellos a quienes días antes consideraban como sus enemigos, para expulsar a su otro enemigo mayor, precisamente aquel que más votos ha conseguido.

Y ese satanismo se contagia y se imita, incluso en la Iglesia, el templo donde se supone que solamente hay que luchar contra Satanás. Pero ahora el malvado es aquel que postula una religión o dogma distinto: para los católicos los protestantes son sus enemigos y para los islámicos lo son todos los cristianos. Nadie se respeta y todos se critican y, si pueden, organizarán una guerra «santa» para aniquilarles. Los Testigos de Jehová son una secta tolerada, pero los seguidores de la Cienciología son perseguidos en unos países y admirados en otros. Ahora se adora a los budistas, olvidando que hace unas décadas eran considerados poco menos que unos parias, mientras que los ortodoxos rusos siguen negando que el Espíritu Santo proceda del Hijo.

Nunca, o casi nunca, se han reunido todos los líderes de las religiones mundiales para buscar una concordia y pedir la paz mundial, pues entre sí se consideran enemigos, pensando del otro que está influenciado por el demonio. Si cualquier religión desea ser una unidad autónoma, una secta desprovista de bienes materiales y vanos, deberá hacer frente primero a las leyes de su país y evitar que les consideren como secta, lo que no es fácil. Aunque no tengan nada que ver, se les considera ya como satánicos, pues en su lógica simplista todo aquel que no sigue a Dios tiene que seguir al Diablo. Algunos grupos indudablemente tienen ingeniosidad en sus postulados religiosos y en sus ritos, especialmente aquellos que dicen hablar en nombre de Satán. Lógicamente, atraen la atención por lo insólito y por su atrevimiento, y eso que la Iglesia de Satanás fue el primer grupo en la historia humana en exigir el título de Satanismo y hacer una religión-filosofía de él. En nuestra posición, no están intentando hacer algo más maléfico que el resto de las doctrinas, aunque su lavado de cara es más espectacular y se confunde con actos e intenciones reprobables.

Personalmente creo que deberían inventar otro nombre, pues mientras se llamen así –la Iglesia de Satanás– no recibirán ningún apoyo estatal. Si se denominaran, por ejemplo, «La otra alternativa» o «Iglesia de los perseguidos», seguramente recibirían muestras de apoyo mundiales, pues indudablemente ambas denominaciones encajan en su estado actual.

El SATANISMO, ahora plenamente con mayúsculas, no es una religión fortuita, pues ya sabemos que es más antigua que la cristiana, y una prueba de ello es que Jesucristo habló cientos de veces contra el demonio. Ellos no hablan de ser humildes, pacientes ni altruistas, pues ser inferior en esta vida no les lleva a su premio eterno. Tampoco les gusta la gente que no trabaja, que no produce, que no inventa, e insisten en que una cosa es decir que se puede hacer algo y otra hacerla realmente. A veces, es más fácil para algunos mirar lo que parece atractivo, y seguir esa senda ciegamente, que empezar un camino nuevo en solitario y con responsabilidad. Para el satánico los ineptos aceptan cualquier cosa en la vida.

Un punto que ellos repiten frecuentemente es que no son «diablo-adoradores», lo que supone una curiosa contradicción para los demás. El problema y la confusión es debido al «pánico satánico» de los años 80, alimentado por el presidente Reagan y sus compañeros fundamentalistas. Razonablemente, ese periodo ha terminado pero los rumores han permanecido. El resto de la desinformación actual está ejercida por las personas normales, quizá usted mismo, y especialmente por la prensa basura que quiere vender ejemplares aunque sea publicando mentiras.

¿Quién es capaz de defender la libertad de culto de un adorador de Satán? Indudablemente nadie, mucho menos un juez. Usted puede ser ateo o agnóstico, maldecir a los dioses en público y hasta ridiculizar al Papa católico en un chiste que hará reír a miles de personas, pero no se le ocurra hablar bien de los seguidores de sectas satánicas. Aunque nadie cree ya en el diablo (y el Papa se ha encargado de explicar que no existe, que es solamente un concepto), usted no puede adorarle. Curioso.

Muchos dicen que el satanismo es más que un nombre, pero la mayoría hablan con una gran ignorancia y recuerdan películas como «La semilla del diablo» o «Eyes wide shut» y las ponen como ejemplo de sus creencias. Ninguno de ellos se ha molestado en leer la Biblia satánica, si es que la hay, y por eso queda claro que se inventan todo y que solamente tratan de impedir que las personas efectúen culto a un ser monstruoso que ni siquiera creen que existe.

Si quiere encontrar ahora una fuente realista, algo así como un Manual del Perfecto Satánico, se tendrá que remontar a escritos publicados en los años 30, y para eso no le queda más remedio que revolver en alguna librería de libros antiguos. Lo demás, especialmente aquello publicado por escritores que dicen haber investigado intensamente, es pura especulación y basura mercantil.

Yo no puedo recomendar ningún libro en concreto, pues no soy seguidor de Satán, pero si tiene interés en conocer esta doctrina le sugiero que rompa sus cadenas mentales, que no trate de compararla con las religiones más famosas y que saque sus propias conclusiones. Pronto se dará cuenta de que llevan a nuestro alrededor desde hace cientos de años y que sus rituales y filosofía siguen disponibles para quien quiera conocerlos, aunque ahora su propaganda la realizan a través de las páginas de Internet.

Satisfacción física, mental o emocional, según el satanismo

Un satánico sabe que no hay nada malo con estar ávido, con desear mejorar, pues para él solamente significa que quiere más de lo que tiene. La envidia es desear poseer los bienes de otros y estar deseoso de obtener cosas similares para uno mismo. Pero la envidia y la codicia son sentimientos que tienen que estar producidos por la ambición, y sin ella muy pocas cosas importantes se lograrían.

La glotonería simplemente consiste en comer más de lo que el cuerpo necesita y cuando se come más de lo necesario se llega a la obesidad, otro pecado, junto con la soberbia, que le obligará a reconsiderar su error para mejorar su apariencia y recobrar su autoestima.

Cualquiera que compre un artículo de ropa para un propósito que no sea simplemente cubrir su cuerpo y protegerlo de los elementos es considerado como orgulloso y presumido. Los satánicos encuentran a menudo a personas que se burlan de ellos porque consideran que las etiquetas no son necesarias. Debe señalarse a estos destructores de etiquetas que uno o muchos artículos de los que ellos tienen no son necesarios para nada más que mostrarlos a alguien. Como suele decirse, *para vivir se necesita muy poco, el resto es para presumir.*

No hay una persona en esta tierra que esté completamente desprovista de ornamentación. El satánico señala que cualquier ornamentación para el cuerpo es signo de orgullo, aunque el problema está en que cada uno utiliza una vara de medir diferente. Lo que tienen los demás es ostentación y lo que tenemos nosotros es necesario.

Si alguien tiene dificultad para levantarse por la mañana es culpable de pereza, o si se queda mucho tiempo en la cama posiblemente es porque está comprometido con el pecado de la lujuria. Igualmente, no ser capaz de controlar los impulsos sexuales es lujuria. Para asegurar la propagación de la Humanidad, la naturaleza hizo de la lujuria el instinto más poderoso, y en ocasiones incontrolable, pues de ello dependía nuestra existencia. Comprendiendo esto, la Iglesia cristiana creó la idea del «pecado original» como unida a la fornicación. De esta manera, se aseguraron que nadie escaparía de ese pecado. Su conclusión es que tenemos un fuerte instinto sexual como consecuencia de ese pecado original.

Otro de los instintos más fuertes en todo ser viviente es el instinto de supervivencia que nos lleva a uno de los siete pecados mortales, la ira. Este instinto de supervivencia se despierta cuando alguien nos hace daño, pues tenemos que enfadarnos lo suficiente como para repeler el ataque. Un satánico practica el lema: «Si un hombre le golpea con violencia en una mejilla, rómpale usted la suya», y continúa recomendándole que no permita que el mal continúe. Hay que ser como un león que ve interrumpido su camino por alguien que quiere hacerle daño.

Puesto que los instintos naturales del hombre le llevan al pecado, todos los hombres son pecadores y, consecuentemente, todos los pecadores van al infierno. Si todos vamos al infierno, entonces seguramente encontraremos a nuestros amigos allí y el cielo estará poblado con criaturas bastante extrañas si todos los que están allí no han pecado nunca. Afortunadamente, los tiempos han cambiado y los líderes religiosos ya no predican que todas nuestras acciones naturales son pecado. Tampoco pensamos que el sexo es algo sucio y que sentirse orgulloso de lo que uno consigue es vergonzoso.

El satanismo como opción

La Iglesia cristiana describe como pecados capitales la

codicia, soberbia, envidia, cólera, gula, lujuria y pereza. El satanismo defiende que es razonable complacerse en cada uno de estos «pecados» cuando suponen una necesidad vital en nuestras vidas, aunque son reprobables cuando se convierten en vicio o necesidad imparable. Los tiempos han cambiado menos de lo que creemos y una prueba es que ahora los desnudos femeninos apenas se ven en los carteles publicitarios y han sido sustituidos por los masculinos. Antes decían que los desnudos, sin especificar el sexo, afectaban a la moral y a las buenas costumbres, y por eso había que prohibirlos. Ahora nos dicen que atentan contra la dignidad de la mujer, pero el resultado es el mismo, pues la censura aparece detrás del desnudo femenino. Si usted quiere una prueba de esto, especialmente de cómo la intolerancia y la censura siguen dominando nuestras vidas, manifieste públicamente que practica el satanismo o el culto a la serpiente, o a cualquier otra cosa que no sea una religión establecida.

La Iglesia no es más liberal ahora que antes, aunque sea capaz de tolerar a los homosexuales y a las prostitutas. La única diferencia es que ahora solamente pueden orientar, presionar, a sus fieles y no al conjunto de la población. No obstante, una nueva raza de intolerantes ha surgido, pues los no creyentes se permiten la libertad de criticar a los creyentes y ridiculizarles. La quema de iglesias, al menos simbólica, se ejerce de nuevo entre la población con la ayuda de algunos políticos.

No sabemos si los satánicos están preocupados por estos nuevos inquisidores, políticos y legisladores mayormente, puesto que todavía deben permanecer en la sombra a causa de ellos y no pueden hacer declaraciones públicas. Hoy día casi nadie cree en el Diablo ni en Satán, pero si usted organiza una reunión semanal en su casa para efectuar conjuros y rituales satánicos, a buen seguro acabará en la cárcel acusado de... ¡da igual!, pues ya buscarán un nombre para justificar su encarcelamiento. Si verdaderamente el mundo hubiera cambiado tanto como nos dicen, ¿por qué continúan siendo perseguidas la mayoría de las religiones no oficiales? *Y si Satán ya no existe (no sabemos qué habrán hecho con él), ¿por qué condenan el satanismo?*

Muchas religiones ahora son objeto de revisión y hasta el Papa ha dicho recientemente que no existe Dios, ni el Demonio, ni el Cielo o el Infierno, y que todo es una metáfora bíblica para explicar lo bueno y lo malo, el castigo y el premio. Los teólogos admiten que los sagrados textos son más leyenda que realidad y eso que ninguno ha viajado en una máquina del tiempo para cerciorarse de ello. Sus conjeturas son aceptadas sin más por los nuevos creyentes y lo que antes era dogma ahora es fantasía. Aun así, siguen insistiendo en que debemos creerles.

Las religiones

En los últimos años se han realizado esfuerzos para humanizar el concepto espiritual de la cristiandad, como si el legado de Cristo y los apóstoles no fuera lo suficientemente humano en su contexto. Esto se ha manifestado especialmente en los medios no espirituales, lo que parece un contrasentido, y ahora podemos escuchar la misa en cualquier idioma menos en latín, pretendiendo con ello tener más éxito que antes y llegar a más personas. Pero ¿cuándo la Iglesia ha tenido más devotos que cuando se decía la misa en latín? Lo cierto es que a nosotros, los que no asistimos ya a la iglesia para escuchar una misa desde hace milenios, quitarle ese ceremonial tradicional nos parece que le roba la naturaleza esotérica que toda religión contiene. Aunque no parece lógico, es mucho más simple obtener una reacción emocional usando palabras que apenas se entienden, empleando el mismo lenguaje vulgar de las calles, y eso sirve igualmente para los conjuros de la brujería.

Las palabras y frases que no pueden entenderse son como los cuentos que escuchamos, mucho más apasionantes que cuando los vemos en el cine. Nuestra imaginación pone los personajes según nuestras necesidades y así el misterio y la magia son más profundos. Si los sacerdotes y ministros hubieran empleado el lenguaje de cada región o país hace cien años, les hubieran acusado de herejes, incluso de demonios, y probablemente hubieran acabado excomulgados. Dicen que los tiempos han cambiado, pero *una ventaja para el culto a Satán es que todo permanece igual, algo razonable cuando se adora a un ser inmortal.* Los devotos se lamentan así: «Nosotros debemos mantenernos al ritmo de los tiempos», olvidándose que, debido a la naturaleza divina de sus creencias, resulta un error cambiar lo que los representantes divinos dictaron con tanto acierto. Cambiar ahora el Padrenuestro es tan erróneo como hacer sentar a María a la vera de Dios Padre. Quien así lo hace está corrigiendo los postulados del mismísimo Jesucristo, lo que sin duda es pretencioso y desafortunado.

Las religiones antiguas siempre han representado la naturaleza espiritual del hombre, con poca o ninguna preocupación hacia sus necesidades carnales o mundanas. Han considerado esta vida como algo transitorio, y la carne, meramente una cáscara; el placer físico, trivial, y el dolor, una preparación que vale la pena para llegar al «Reino de Dios».

Pero esto nos parece ahora una hipocresía cuando alegan que la religión tiene que cambiar con los tiempos y hacerse más humana, más terrenal. Decididamente es necesario que alguien juzgue las cosas de otro modo, pues si somos inmortales y lo importante es nuestra alma, no hay razón alguna para «humanizarnos». Hay quien dice, y en esto tampoco podemos estar de acuerdo, que la única manera en que la cristiandad puede servir en vida a las necesidades terrenales del hombre es aceptando los designios del satanismo. Si Satán, dicen, busca la felicidad en esta vida y Dios la eterna, sigamos a uno primero y luego al otro.

Diferentes nombres para un mismo ser

La pregunta que deberíamos hacernos debería ser: ¿Qué es

el Diablo? o, mejor, ¿quién es el Maligno?

No puede haber ninguna duda que la concepción popular del Diablo es principalmente debida al trabajo de Milton (*El Paraíso Perdido*), pero cuando nosotros buscamos evidencias escritas que apoyen su teoría, siempre acabamos ojeando varias partes de la Biblia en las cuales pueden encontrarse argumentos que complementan a Milton. Si nosotros los leemos con libertad, sin opiniones condicionadas y sin tener en cuenta lugares y ambientes, encontraremos esos textos como muy útiles y clarificadores. Pero si los juzgamos por sus contextos no encontraremos nada que nos afirme ni nos aclare rotundamente nuestras dudas. De hecho, tanto la Biblia como los textos de Milton vienen a decir lo mismo, que es justamente lo que dice la teoría popular del Maligno, incluso de manera más eficaz que todos esos textos.

Diablo

La palabra Diablo proviene del griego Diábolos, a su vez traducida del latín Diabulus, y se refiere a criaturas y espíritus malignos que pueden influir negativamente en el comportamiento humano. Todas las religiones tienen sus propios diablos y en el islam se le conoce como Shaytans y en el hinduismo como Asuras. Aunque menos populares, también existen diablesas, siendo descritas en el budismo como Mara, las cuales son la representación del mal en el más puro sentido.

En el Antiguo Testamento se emplea el nombre de Satán, aunque posteriormente ya solamente encontramos la palabra Diablo, el cual puede asumir formas humanas o animales para tentar a los hombres.

Belcebú

Del griego Beelzebul, es el príncipe de los demonios y el equivalente a Satán, posiblemente relacionado con el señor de las moscas o Baal-zebud, o con el dios Ekron.

Radulfus

Anteriormente era un Magus de la Casa Tytalus y un miembro de la primera encarnación del templo de Severn, pero con el tiempo se volvió sumamente hostil, tomando parte en los asuntos sucios, hasta que finalmente salió de allí. Las circunstancias de su salida provocaron una gran preocupación, aunque se le pudo ver frecuentemente en un área cercana, declarándosele como maligno en el Tribunal de 1080.

Desde entonces se le ha visto un par de veces alrededor del templo de Severn y se le atribuye la destrucción del pueblo de Lydney con sus mágicos poderes, llegando a adoptar ya la imagen de un demonio. Después adoptó la figura de un sacerdote cuando estaban reconstruyendo Lydney y, aunque simulaba estar construyendo una iglesia, era solamente apariencia. En la batalla que siguió a su descubrimiento, Radulfus fue obligado a huir de su forma física después que fuera abatido de un disparo por Bryhtnoth. Sin embargo, sus artes diabólicas han vuelto y ahora sabemos que tiene una forma humanoide con una cola armada con púas largas y cuernos en la cabeza.

Satanás o Satán

Se trata del ángel díscolo e instigador del mal en el cielo hasta el punto en que tuvo que ser expulsado de allí, estableciéndose ya por los siglos de los siglos en el infierno. Ahora ya sabemos que Satán es un ser maligno, tentador, mentiroso y la causa de todos nuestros males, lo que nos deja poco margen para asumir nuestros propios errores y responsabilidades.

Se dice que tiene poderes extraordinarios y que ni siquiera Dios le puede vencer, y que su morada se encuentra en la atmósfera interior, en el seno de la tierra, sin que sepamos la causa por la cual no eligió vivir en un planeta o nube.

Indudablemente el infierno es un lugar de dolor, calor y atroces tormentos, al cual van todas aquellas personas que han preferido hacer caso a Satán en lugar de a Dios. Aunque la presencia de tan horrible lugar ha estado en entredicho en numerosas ocasiones, su máximo dirigente, el Demonio, ha sido confirmado por los papas modernos, e incluso por los teólogos imparciales. Si es cierto que el universo ha sido creado por un ente racional y que todo funciona en perfecto orden, lógicamente deberemos admitir que todo en esta vida tiene el polo opuesto, sin el cual no existiría equilibrio. El Yin y el Yang, las dos caras de una moneda, la luz y la oscuridad, lo negativo y lo positivo, lo femenino y lo masculino, son algunos de los ejemplos de esta dualidad que debe existir en la creación para que todo funcione correctamente y tenga sentido.

Por eso, y admitiendo que el Diablo tiene que existir por fuerza, tendremos a un serio enemigo de los hombres, pero también de los ángeles e incluso del mismo Dios. Aunque en principio (?) era también un ángel, algo le hizo rebelarse contra Dios (parece ser que fue porque no admitió inclinarse ante Adán) y pasar a convertirse en algo tan maquiavélico como lo conocemos ahora. Hay numerosos textos religiosos que afirman que el Diablo se fortalece con las maldades de la Humanidad y que su presencia está ligada al tan temido Apocalipsis, el momento en que todo comenzará a vivir la eternidad, ese concepto imposible de explicar.

Peter

En realidad se trata de un duende que parece tener solamente seis o siete años, con ojos azules y pelo rubio. Cuando era niño tenía una naturaleza dulce, se reía con frecuencia y repartía sonrisas, pero cuando se convirtió en maligno podía infligir un dolor terrible.

Sus víctimas preferidas han sido los novicios y los monaguillos, pues tiene una gran habilidad para mentir y engañar a las personas. La verdadera forma de Peter es también humanoide, pequeño, de piel roja, alas a la espalda, cuernos cortos y cola.

El infierno

La palabra original es Sheol en hebreo y Hades en griego, pero ambas hacen mención a un lugar al cual van todos los muertos que han sido malvados en la vida terrenal. Aunque en un principio se le asoció como un lugar de sufrimiento eterno, ahora se trata más bien de hablar de él como aquel sitio al cual van a vivir eternamente aquellas personas que se han apartado de Dios o cuya conducta ha sido maligna para los demás.

Indudablemente, si existe lo bueno y lo malo, lo justo y lo injusto, debería existir un lugar al cual fueran a parar todas aquellas personas que han causado daño a los demás, pues de no ser así estaríamos aceptando que la maldad y la bondad son lo mismo, y que al Creador le dejan indiferente.

Lo razonable es que pensemos que todos nuestros actos tienen que tener una consecuencia, en esta vida también, y que no es una casualidad o simplemente una norma de convivencia que todas las civilizaciones nos hablen de un lugar en donde habrá que purgar nuestros pecados. Sé que para muchos es mejor pensar que todo esto del infierno son patrañas o inventos, pero por si acaso yo recomendaría prudencia en nuestros actos y un buen comportamiento.

¿Una nueva religión?

Sus seguidores dicen que es una nueva religión, basada en los instintos naturales del hombre, aunque inspirada por los consejos de Satán. El satanismo no ha tenido buena prensa hasta ahora, ni siquiera entre los ateos, aunque puede ser porque habla bien de las relaciones sexuales, quiere que la gente sea feliz superándose en la vida y admite que es lógico que no queramos sufrir y que luchemos por conservar la salud y la belleza. En resumen, para los satánicos la vida ya no es un valle de lágrimas (postura plausible en grado sumo) y es mejor reír que llorar, amar que ser casto, y trabajar lo menos posible ganando la mayor cantidad de bienes que nos permita Hacienda.

Antes nos aseguraban que era el «Diablo» quien impulsaba a las mujeres a mostrar sus piernas, para excitar a los hombres, pero esa crítica no nos hizo mella a nadie. Ahora socialmente es aceptable que las mujeres luzcan sus piernas, bonitas o feas, y que los hombres las miremos con entusiasmo. Incluso las monjas modernas se han adaptado a los tiempos y ya muestran algo más que el tobillo bajo sus hábitos. Bueno, el mundo no ha cambiado nada por ello y hasta es posible que gracias a estos nuevos hábitos existan nuevas vocaciones religiosas.

Indudablemente hay una diferencia de matiz entre las monjas seguidoras de Dios y las mujeres que adoran a Satán, pues no creo que nunca veamos en «topless» a las monjas, pero es frecuente que las personas se desnuden en las prácticas del satanismo. Si Satanás observa alguno de estos rituales en su nombre, seguramente sonreirá y dirá que le gustaría tener en su morada infernal a esas muchachas hermosas. Lo que no sabemos todavía es si tiene pareja femenina en su reino, pues de ser así tendrían que proliferar algo más los desnudos masculinos en las ceremonias satánicas y así todos contentos.

Música ambiental

Muchas iglesias con algunas de las mayores congregaciones tienen como parte esencial de sus misas el palmoteo, la música, las velas y el olor a incienso. Esto, y no se asombre, está inspirado en el satanismo. Después de todo, en todos los ritos satánicos abundan estas manifestaciones tan artísticas y, *que nosotros sepamos, Jesucristo no dijo nada de cantar y bailar mientras se rezaba el Padrenuestro.*

La Iglesia también organiza plegarias a través de los campos y peregrinaciones múltiples, especialmente para que la cosecha sea abundante, para que lleguen las lluvias o para que deje de llover. También organiza sus propios bazares, olvidando que Cristo expulsó a los mercaderes del templo; admite el perdón si se le paga con dinero, y organiza unas fiestas muy solemnes en los funerales de personas famosas o poderosas. En el fondo, aunque esto no nos guste, todas las religiones se parecen demasiado entre sí y se aproximan peligrosamente a las ceremonias satánicas. Se puede alegar que estas cosas son dispositivos que la Iglesia tiene que aceptar de mala gana para poder sobrevivir, pero por mucho menos de lo que vemos hoy hacer a los sacerdotes modernos se expulsaba antes a la gente de una congregación cristiana.

Otra aproximación al satanismo

Puesto que ya ha quedado claro que el satanismo no es ni mejor ni peor que cualquier otra creencia religiosa y que solamente su nombre impide que se propague aún más, debemos recordar otra similitud en aquellos momentos en los cuales los sacerdotes, obispos e incluso Papas han pedido la paz para los pueblos en el momento mismo de bendecir a los soldados que van a la guerra. En los cuarteles hay curas y no sabemos de ninguno que se haya opuesto furiosamente a que vayan al frente de batalla o que se haya dedicado a sabotear las bombas. ¿Puede entonces ser calificado de maléfico Satanás cuando habla de ejércitos poderosos y de aniquilar al contrario?

Cuando un cachorro alcanza la madurez se convierte en perro; cuando el hielo se funde se llama agua; cuando doce meses han pasado pedimos otro calendario y cuando la «magia» se vuelve un hecho científico nos referimos a ella como medicina, astronomía, etc. Cuando un nombre es apropiado para una cosa dada no es lógico cambiarlo para mejorar su definición o su aceptación. ¿Por qué, entonces, no seguimos ese mismo sistema para las religiones? ¿Por qué continuar llamando una religión con el mismo nombre si los principios de esa religión ya no encajan en el original? O, si una religión predica las mismas cosas que siempre, pero sus seguidores no practican casi ninguna de sus enseñanzas, ¿por qué continúa llamándose con el mismo nombre primitivo?

El satanismo está basado en una filosofía que ha permanecido durante siglos. Pero ¿por qué se llama satanismo? Un nombre que encaja mejor es el de humanismo o también algo que tuviera parecido con algún grupo de la brujería, o algo un poco más esotérico y menos espectacular. Pero hay más de una razón para esto. El humanismo no es una religión, simplemente es un estilo de vida sin ceremonia o dogma. El satanismo, por el contrario, tiene ceremonia y dogma.

También difiere grandemente de toda aproximación a una «luz blanca» o magia blanca y negra, y ni siquiera a ningún otro culto actual. La mayor diferencia con las religiones consideradas a sí mismas como virtuosas, es que sus miembros solamente usan los poderes de su magia por motivos altruistas. Los satánicos miran con desdén a la brujería blanca, porque consideran que *el altruismo es un pecado, pues permite al vago vivir a costa del trabajador.*

Es antinatural no tener el deseo de ganar cosas para uno mismo y luchar contra el instinto de supervivencia impuesto por la naturaleza, pues es, en cierto modo, ir en contra de la obra de la Creación. El satanismo representa una forma de egoísmo controlado y esto no significa que no se pueda hacer algo por los demás. Si usted hace algo que contribuya a hacer que alguien se sienta feliz, su propia felicidad aumentará y eso dará aún más sentido a su creencia.

El satanismo defiende como práctica una forma modificada de la Regla Dorada. Nuestra interpretación de esta regla es así: Haz a los otros lo que ellos te hacen a ti, porque si haces a los otros lo mismo que ellos te hacen, y ellos, a su vez, te tratan mal, va contra la naturaleza humana responder bien por mal. Si usted les trata con consideración, muy probablemente continuarán haciéndole daño, por lo que debe aplicar un serio correctivo para que desistan de su actitud. Por eso hay que hacer a los demás solamente lo que ellos nos hacen, y si las buenas acciones no nos son devueltas, el satanismo le anima a que saque la ira de su interior.

Las diferencias

Los grupos de la magia blanca dicen que, si usted maldice a una persona, le devolverá a usted mismo tres males, pues el mal provocado casi siempre se convierte en un bumerán hacia el remitente. Ésta es otra indicación del concepto de culpa montado en una filosofía que es sostenida por los neopaganos para evitar malos comportamientos, lo mismo que su afición al sexo sin trabas.

Las brujas blancas quieren ser consideradas como brujas auténticas, pero no pueden separarse del estigma que llevan. Por consiguiente, prefieren ser denominadas como magas blancas, y basan el setenta y cinco por ciento de su filosofía en los principios de la cristiandad. Esto nos lleva a advertir que cualquiera que pretenda interesarse en la magia o lo oculto por otras razones que no sean la mejora personal es un hipócrita. Es más, me atrevería a asegurar que todo creyente en una religión está especialmente interesado en sí mismo, pues suelen buscar el premio en el cielo eterno o la felicidad en esta vida. La diferencia entre unas y otras estriba solamente en la posibilidad que algunas religiones ofrecen para que, junto con la felicidad del creyente, se pueda ayudar también al prójimo.

El satanismo respeta indudablemente los conceptos de la cristiandad, por lo menos, pues entiende y asume muchos de los principios de su filosofía, pero suele sentir desprecio por las personas que intentan mostrarse como libres de culpa metiéndose en un grupo de brujería, y una vez allí practican la misma filosofía básica de los cristianos. Advierten que ellos utilizarán solamente la magia blanca para propósitos buenos o altruistas, y reniegan de la magia negra, pues la consideran egoísta o «mala».

La filosofía satánica, sin embargo, no tiene marcada ninguna línea divisoria. La magia es magia, sea para ayudar o impedir, y el satánico la emplea para lograr sus metas. Durante las ceremonias mágicas blancas, los practicantes están de pie dentro de un pentagrama para protegerse de las «fuerzas del mal», aunque paradójicamente las convocan para pedir su ayuda. Ello se muestra como dos polos enfrentados, pues llamar a estas fuerzas para solicitar su ayuda, mientras se protegen al mismo tiempo de los mismos poderes que se solicitan, demuestra que algo malo debe existir en ellos. La explicación es que los satánicos saben que solamente poniéndose al lado de las fuerzas poderosas del mal se pueden utilizar adecuadamente los Poderes de la Oscuridad.

En una ceremonia mágica satánica, los participantes no unen sus manos y bailan en círculo «alrededor del anillo rosado», ni encienden velas de diferentes colores para cada uno de los deseos, ni invocan por su nombre al Padre, Hijo y Espíritu Santo mientras practican sus supuestamente artes negras. Tampoco escogen a un santo para su guía personal y obtener así ayuda para sus problemas, ni se mojan su cuerpo en aceites apestosos o esperan un dinero extra caído del cielo. Del mismo modo, tampoco meditan para que puedan llegar al «gran despertar espiritual», ni recitan largas plegarias con el nombre de Jesús en ellas como si no bastara con mencionarle una primera y única vez.

Ésta no es la manera de practicar la magia satánica. Si usted no puede divorciarse de este autoengaño hipócrita que tanto abunda, nunca tendrá éxito como mago, mucho menos como un mago satánico. La religión satánica no ha mostrado simplemente su moneda, sino que la ha arrojado completamente encima de sus seguidores. Por consiguiente, ¿por qué debe apoyar los mismos principios a los que se opone llamándose mediante un nombre que es totalmente diferente a las doctrinas que constituyen la filosofía satánica? Ni hay que engañarse, ni quieren engañar a nadie. El satanismo no es una religión suave y blanca; es una religión de la carne, el mundo, los placeres y los bienes materiales, todos ellos gobernados por Satanás, la personificación del camino a la izquierda del cielo.

Inevitablemente, la próxima pregunta es: ¿Cómo se puede llamar a una religión humanista, cuando el humanismo no es una religión? El humanismo es una doctrina que considera al hombre como parámetro del bien y el mal, por encima de cualquier idealismo o precepto religioso. Habla de un hombre ideal, en plenitud de sus facultades físicas e intelectuales, seguro de su propio valer humano, entusiasmado ante sí mismo y sediento de glorias terrenas. Nada que ver con la idea religiosa de la pequeñez de la raza humana comparada con el universo, ni con un Dios que castiga; pero, por el contrario, acepta plenamente las ciencias ocultas y con ellas la brujería y el satanismo. Los humanistas son, pues, esencialmente paganos, tienen una visión laica de la vida, aunque no excluyen que los creyentes puedan seguir sus postulados.

Lo importante para el satanismo es hacer, no rezar, y eso es algo que igualmente apoya la moderna psiquiatría, en donde la solución de los problemas personales no puede llegar mediante el simple razonamiento y la meditación, sino especialmente mediante la acción. El hombre moderno está ahora desilusionado con las religiones tradicionales y por eso no es raro que busque nuevas pautas orientativas a sus inquietudes espirituales. Las costumbres ahora se rompen con la misma rapidez que se aceptan otras, sin dar tiempo a que asimilemos lo bueno y lo malo de las nuevas reglas, con lo cual nos vemos metidos frecuentemente en hábitos que no encajan con nuestros verdaderos deseos. Empujados por los psicólogos recién licenciados y por los políticos empeñados en destrozar sistemáticamente todo lo que su antecesor hizo, el hombre de hoy ha perdido su personalidad y se deja guiar más que nunca por las nuevas tendencias, como si fueran nuevas verdades.

Éste es un pozo sin escalera hacia arriba que no proporciona nuevos conocimientos, pues una cosa es aceptar algo intelectualmente y otra aceptarlo emocionalmente. Lo que nos hace feliz no siempre es lo mejor y aquello que nos llena intelectualmente quizá nos haga desgraciados en nuestra vida familiar. Indudablemente, ni la psiquiatría ni la psicología nos pueden proporcionar la felicidad, aunque su publicidad nos hable de tratamientos para la angustia, la ansiedad y la tristeza. Si alguien piensa que logrará sosegar su espíritu tomando un medicamento o asistiendo a sesiones de terapia de grupo, se llevará tarde o temprano una desilusión.

Las necesidades del hombre tienen mucho que ver con su fantasía y por eso los rituales y los encantamientos satánicos suelen ayudar mucho más a una persona desorientada que un antidepresivo químico. A la psiquiatría no le gusta la fantasía, quiere que «veamos la realidad», pero eso limita tanto las necesidades de la persona que le deja en un callejón sin salida y en ocasiones desagradable. A una persona que se siente marginada le reconforta más pensar en la presencia de un ser todopoderoso que admitir que estamos totalmente solos en el universo. Por eso *los rezos, cánticos y rituales de una sesión de satanismo, u otra creencia, le pueden aliviar más que cientos de horas de psicoterapia*. Del mismo modo, puede mejorar más a un depresivo ver una película de su gusto que un tratamiento psicológico.

Una filosofía práctica

El satanismo comprende las necesidades actuales del hombre, esencialmente salud, dinero y amor, y le quiere ayudar u orientar a que vaya tras ellas. La filosofía satánica combina los principios de la psicología y de las religiones buenas, honradas o nada dogmáticas. Proporciona al hombre la dosis necesaria de fantasía para que se imagine el mundo que realmente le hace feliz, aunque le advierte que sus ideas y acciones no tienen que ir en contra de la naturaleza humana.

La manera más rápida de viajar entre dos puntos es la línea recta, aunque según las nuevas teorías la distancia más corta se logra mediante el pliegue de esa línea recta. Por eso, si pueden

convertirse todos los errores en ventajas, eliminaremos la
necesidad intelectual que tenemos de arrepentirnos de nuestros
hechos y limpiarlos de represiones.

El satanismo es la única religión o filosofía conocida para
aceptar al hombre como es y proporcionarle los medios para
que convierta una cosa mala en una cosa buena, en lugar de
buscar un culpable, tener remordimientos o mirar a su niñez
traumática. Por consiguiente, después de evaluar sus problemas intelectualmente a través del sentido común, usted deberá
actuar según sus instintos naturales, y si no puede realizar sus
deseos sin sentirse culpable, al menos búrlese de su mismo
sentimiento de culpa. Esto puede parecer una contradicción,
pero si piensa sobre ello, la culpa puede agregar a menudo un
pequeño incentivo a sus propósitos.

Los adultos harían bien tomando lecciones de los niños.
Los niños muestran a menudo gran deleite haciendo algo que
ellos saben que es malo o perjudicial. Sí, los tiempos han cambiado, pero en lo esencial el hombre no. Los fundamentos del
satanismo siempre han existido y lo único que permanece es
la organización formal de una religión basada en los rasgos
universales de hombre. Durante siglos, las estructuras magní-
ficas de piedra, solidificadas con mortero y acero, se han con-
sagrado como lugares para la meditación y la comunicación
con los dioses. La idea inicial para construirlos era que los
seres humanos dejaran de luchar y que consagraran su tiempo
a construir templos diseñados para conseguir su perdón.

Aunque los tiempos han cambiado, siempre ha ocurrido
así: el hombre permanece básicamente igual. Durante los últimos dos mil años ha hecho penitencia por algo de lo cual no
es culpable, pues su existencia no es obra suya. Nosotros estamos cansados de escuchar a personas que nos niegan los placeres de la vida que nos merecemos. *Hoy, como siempre, el
hombre necesita disfrutar aquí y ahora, en lugar de esperar
por un hipotético premio celestial.* ¿Por qué hay que basar una
religión en la indulgencia? El satanismo, finalmente, no

suplica ante un «Dios» implacable que nos deja solos, pero que nos castigará eternamente si lo hacemos mal.

Satanismo y sexualidad

Mucha controversia se ha levantado a causa de la opinión de los satanistas sobre el tema del «amor libre». La gente supone que la actividad sexual es el factor más importante de la religión satánica, y que esa buena predisposición para participar en orgías sexuales es un requisito previo para que le acepten como nuevo miembro. ¡Nada podría estar más lejos de la verdad! De hecho, los oportunistas que no tienen otro interés por el satanismo que los aspectos sexuales de su religión, se descorazonan rápidamente.

El satanismo defiende la libertad sexual, pero sólo en el verdadero sentido de la palabra. El amor libre, en el concepto satánico, significa exactamente que la libertad para ser o no fiel a una persona, o para complacer sus deseos sexuales con otras personas, es individual, no una norma, y que debe ser empleada solamente para satisfacer necesidades particulares.

El satanismo tampoco anima a realizar actividades colectivas con orgías sexuales, ni promueve las relaciones extramatrimoniales, ni por supuesto considera la infidelidad como una opción. Para muchos, sería muy antinatural y perjudicial ser infiel a sus compañeros habituales, aunque para otros lo frustrante es estar ligado a una sola persona. Cada individuo debe decidir la forma que para él es adecuada en cuanto a la relación sexual. Por eso en esta filosofía no se obliga a nadie a ser adúltero y ni siquiera a mantener relaciones sexuales si no lo desea, pues *muchas de las personas que acuden son almas solitarias que no necesitan en ese momento contacto carnal, aunque sí emocional*. Si alguien considera que ha terminado pervertido sexualmente a causa de las normas satánicas, estará engañándose a él y a los demás, pues en realidad solamente ha expresado lo que había en su interior.

Muchos de aquellos que están constantemente preocupados por demostrar su emancipación y mente abierta en materia sexual, son, en realidad, esclavos de sus instintos corporales, mucho más que aquellos que simplemente aceptan la actividad sexual como una parte natural de vida y no hacen un acontecimiento de su libertad sexual. Por ejemplo, es un hecho establecido que una ninfómana (esa mujer con la que sueñan miles de hombres y que es la heroína de todas las novelas eróticas) no es sexualmente libre, pues con frecuencia es realmente frígida y recorre cientos de lechos tratando de encontrar al hombre que la pueda proporcionar el placer que aún no ha encontrado.

Otro concepto erróneo es la idea de que la capacidad para comprometerse en un grupo sexualmente activo es indicativa de libertad sexual. Todos los grupos de sexo libre contemporáneos tienen una cosa en común: un fetichismo exagerado y una actividad sexual forzada, casi obligada.

Realmente, la mayoría de los ejemplos de vida sexual intensa, con diferentes parejas, suele enmascararse como «libertad» y todos tienen un formato común. Cada uno de los participantes en una orgía se quita toda la ropa y así obliga a que los más tímidos sigan su ejemplo. Después comienza el aspecto puramente mecánico de la fornicación, también siguiendo el ejemplo de los líderes. Llegado a este punto tan mecánico, ninguno de los actores puede considerar que lleva una vida sexual libre, pues termina haciendo lo que todos, del mismo modo y en el mismo lugar.

El satánico comprende que si él posee una buena cultura sexual (y pretende quitarse cualquier sentimiento de culpa), no puede estar callado por los revolucionarios sexuales que estén de moda en esa época, ni debe tolerar que le llamen mojigato por el simple hecho de no estar de acuerdo con los demás. Este concepto del sexo libre es el polo apuesto de lo que realmente es la libertad sexual. A menos que la actividad sexual pueda expresarse en una base individual (que puede incluir fetiches personales), no existe ninguna justificación para pertenecer a una organización de libertad sexual. La otra excepción a la regla son los **masoquistas**. Un masoquista obtiene el placer mediante el sufrimiento y negarle esa posibilidad para obtener placer a través del dolor es herirle mucho más que con heridas físicas reales. La historia de un sádico verdaderamente cruel queda descrita de esta manera tan sencilla: «El masoquista dice al sádico:"Péguame", a lo que el sádico implacable contesta "¡No!".» Sabe que con su negativa le hará más daño que pegándole, tal como le implora. Hay quien asegura que si una persona quiere ser herida y disfruta sufriendo, no hay ninguna razón entonces para no complacerle en su necesidad. Es como esas parejas que están todo el día peleándose y aun así no quieren separarse. No solamente la separación les traería más dolor, sino que su pasión nace precisamente de la hostilidad que manifiestan entre ellos cotidianamente.

El término «sádico» en uso popular describe a alguien que obtiene placer mediante la brutalidad indiscriminada. Pero no debemos llamarnos a engaño y creer que el sadismo se centra solamente en una relación sexual intensa en el sufrimiento, sino que el goce mediante el sufrimiento ajeno está totalmente extendido en todas las sociedades y culturas del mundo, incluso en las colectividades occidentales. Vean el comportamiento de los grupos radicales, políticos o racistas, y observarán sin esfuerzo a los mejores sádicos de la sociedad. *Estos grupos, llamados violentos o extremistas, solamente disfrutan con el dolor ajeno y cuanto más daño hacen más satisfechos están de sí mismos.*

El sádico escoge cuidadosamente a sus víctimas apropiadas, y tiene gran deleite dando a aquellos que se crecen con el sufrimiento el cumplimiento de sus deseos, generalmente un poco más de lo que piden. Pero su sadismo no es irracional, pues maquina y planea perfectamente lo que va a realizar y los instrumentos a emplear, economizando sus energías para poder efectuar su castigo el mayor tiempo posible. Por ello, la diferencia entre un masoquista y un sádico es notoria, aunque ambos suelen disfrutar juntos.

Las personas masoquistas normalmente suelen admitir que lo son, aunque sea con una sonrisa, pero el sádico oculta siempre su condición como tal.

Otras conductas

La conducta del **fetichista** en nuestra sociedad está muy criticada, pues frecuentemente se le confunde con los mirones o los dementes. Pero realmente la mayoría de nosotros somos fetichistas de un modo u otro, aunque ciertamente ingenuos. El fetichismo es una forma rudimentaria de idolatría y consiste en la adoración de objetos o amuletos considerados como divinidades o personas, aunque se distingue de la idolatría en que, en ésta, el ídolo es una representación de una divinidad determinada, mientras en el fetichismo el culto se hace a una persona real, presente o lejana en el tiempo y el espacio.

Una forma reminiscente de fetichismo es el empleo de amuletos o talismanes que aún llevan sobre sí algunas personas, lo mismo que guardar prendas, fotografías u objetos de personas queridas o especiales para nosotros.

Hay más variantes sexuales extendidas por el mundo de lo que la gente común cree: el travestido, el sadismo, el masoquismo o el exhibicionismo, por nombrar sólo algunos, son los más predominantes. Todos tenemos alguna clase de fetiche, pero estos grupos lo manifiestan más claramente y la sociedad les considera como depravados y ellos frecuentemente acuden a terapias psicológicas para ser «normales».

Pero el fetichismo no sólo es practicado por los seres humanos, sino también por los animales, ya que el fetiche es un ingrediente íntegro en la vida sexual de los animales. Por ejemplo, el olor sexual es necesario para que un animal despierte sexualmente a otro. Pruebas de laboratorio han mostrado que cuando un animal es científicamente desodorizado, pierde el atractivo sexual para los otros animales. Esta estimulación proporcionada por el olor sexual también es percibida por el hombre, aunque se suele negar rotundamente y la mayoría de las personas tratan de ocultar el olor de sus genitales.

Casi podríamos asegurar que la **asexualidad** tiene más de desviación que de normalidad, pues la naturaleza nos ha dotado del sexo, lo mismo que del reflejo del hambre y, a menos que exista una enfermedad o nos desagrade nuestra pareja, el instinto sexual permanece durante toda nuestra vida. Los satanistas no son en modo alguno sexualmente promiscuos; sin embargo, si un satánico escoge la sublimación sexual sobre la expresión sexual abierta, es asunto suyo. En muchos casos de sublimación sexual (o asexualidad), cualquier esfuerzo por emanciparse sexualmente conduciría al aborrecimiento sexual de por vida. *El amor platónico y guardar fidelidad a la persona amada ausente son algunas de las manifestaciones de sublimación sexual más respetadas.*

Una persona asexuada es invariablemente una persona que posee un sentido de la relación sexual tan espiritual que no encuentra justificada la unión carnal. Toda su energía e interés por el sexo los encauza hacia otros pasatiempos o filosofías que le llenan igualmente sus necesidades corporales. No repudia el sexo, pero no lo necesita. Es importante, por ello, respetar estas opciones y no juzgar como anormales a personas que posiblemente hayan alcanzado un nivel de espiritualidad más alto que la mayoría. Si como persona ha encontrado otros cauces para la vida en sociedad, al margen de las relaciones sexuales, es su derecho, y nadie está justificado para condenarle. Sin embargo, la persona debe reconocer por lo menos el hecho de que él posee un criterio de sublimación sexual.

Debido a la falta de oportunidades para expresarse, muchos deseos sexuales personales nunca progresan más allá de las fantasías y las ensoñaciones. Tal carencia de oportunidades para poder expresar lo que se siente lleva a la compulsión y, por consiguiente, un gran número de personas manifiestan trastornos del comportamiento extraños cuando sus impulsos afloran sin que puedan controlarlos. Simplemente porque la mayoría de la actividad fetichista no se manifiesta externamente, el sexualmente puro no puede permitirse ni siquiera pensar en sus impulsos corporales.

Algunos ejemplos de sexualidad reprimida y que se manifiesta mediante el fetichismo podrían ser: el travestido masculino que se complace llevando prendas íntimas femeninas mientras está realizando sus actividades diarias, o la mujer masoquista que gusta de llevar un cinturón de caucho intensamente apretado. Lo que se pretende en ambos casos es desviar la sexualidad hacia una faceta incómoda que le permita llevar sus impulsos al subconsciente para ocultarlos.

El satanismo anima a realizar cualquier forma de expresión sexual que se pueda desear, siempre que no haga daño a nadie. Esta declaración, no obstante, debe aclararse para evitar errores. No herir a otro incluye no obligar o presionar a otro a que vea o participe en escenas o actos sexuales que podría considerar como ofensivos y desagradables. Debido a muchos factores y vivencias, hay muchas personas que tienen una gran ansiedad en lo referente al sexo y hablan más de moralidad que de hacer el amor.

Naturalmente, usted debe evitar ofender a los demás exponiendo sus creencias, especialmente a los amigos mojigatos y parientes. Sin embargo, si usted realiza seriamente un esfuerzo para evitar herirles y, a pesar de sus esfuerzos, ellos lo pasan mal, usted no puede sentirse responsable, y por consiguiente no debe pedir disculpas por sus convicciones e inclinaciones sexuales. Si usted tiene miedo de ofender al mojigato por su actitud hacia el sexo, no tiene ningún sentido que intente hacerle partícipe de sus experiencias sexuales.

Aparte de las excepciones anteriores, el satánico no herirá a nadie intencionadamente violando sus propias reglas. En el supuesto que alguien quiera imponer sus deseos sexuales a otro deberá comunicar por adelantado sus intenciones, pues en caso contrario estaría infringiendo su libertad sexual. Por consiguiente, el satanismo no defiende la violación, ni molesta a los niños, ni hace el amor con los animales, o cualquier otra actividad sexual que lleve incorporada la participación de personas en contra de sus deseos, o de aquellas cuya inocencia o candidez no sean adecuadas para ningún contacto sexual.

Si todas las fiestas involucran a adultos maduros que de buena gana asumen la responsabilidad de sus acciones y voluntariamente se comprometen a una forma dada de expresión sexual (desnudos en especial), aun cuando generalmente sea considerado como tabú o reprobable, no hay ninguna razón para que ellos deban reprimir allí sus inclinaciones sexuales.

Por ello, si usted es consciente de todas las implicaciones, ventajas y desventajas, y es cierto que sus acciones no herirán a nadie moralmente, o nadie que no lo desee se vea obligado o presionado para efectuar actos sexuales diversos, tampoco existe ninguna razón para excluirlo en las ceremonias.

Así como dos personas son exactamente iguales en su opción de dieta o no tienen la misma capacidad para el consumo de comida, los sabores sexuales y los apetitos varían de uno a otro. Ninguna persona o sociedad tiene el derecho a poner limitaciones en las normas sexuales o la frecuencia de la actividad sexual de otro, pues la conducta sexual apropiada sólo puede juzgarse dentro del contexto de cada situación individual. Por consiguiente, lo que una persona considera sexualmente correcto y moral puede ser repulsivo o frustrante para otro.

Lo contrario también es verdad, pues una persona puede tener una gran capacidad sexual (aunque el concepto de capacidad es muy subjetivo), pero puede ser perjudicial para otra cuya capacidad sexual no sea tan alta. Como tantas veces se ha dicho, no hay nada mejor o peor en la relación sexual, no hay nada correcto o incorrecto, siempre que el juego, el modo y la frecuencia sean del agrado de ambos y no se perjudique a otros.

El problema surge precisamente ahí, cuando uno de los dos no se adapta a las necesidades del otro, tanto por exceso como por defecto. No siempre es la mujer la que debe satisfacer las necesidades sexuales del hombre, pues con frecuencia es ella la que necesita de esa atención continuada. Una vez que han fracasado todos los intentos por establecer unas normas para que ambos se encuentren satisfechos, nos podemos plantear si es lícito que el insatisfecho cubra sus necesidades fuera de su pareja. Pero de aceptar esta postura, deberíamos igualmente ser comprensivos cuando uno de los dos está enfermo y ya no puede ser lo eficaz que lo era antes, o cuando la ruina económica amenaza con destruir el hogar. Si la vida en pareja solamente es válida cuando cubrimos las necesidades del otro, y aceptamos como moral el abandonarle cuando ya no nos cubra estas necesidades, estaríamos recomendando la insolidaridad, el egoísmo a ultranza y la falta total de humanidad.

La relación ideal es aquella en la cual ambas personas están entre sí profundamente enamoradas y la compatibilidad sexual es adecuada. Sin embargo, las relaciones perfectas son relativamente raras. Es importante señalar aquí que ese amor espiritual y sexual puede, pero necesariamente no ocurre, ir de la mano. Si hay una cierta cantidad de compatibilidad sexual, aunque con ciertas diferencias, los deseos sexuales se cumplirán.

No hay placer sexual mayor que el derivado de asociarse con alguien por amor, pero hasta en estos casos hay que ser realistas, pues la sexualidad también debe funcionar. Si usted no satisface a su pareja y ni siquiera a sí mismo, puede funcionar aún, pero esa falta de compatibilidad sexual debe derivarse a un fuerte amor espiritual. Uno puede existir sin el otro, ya lo sabemos, pero lo mejor son ambas cosas.

El amor espiritual profundo es enriquecido a través del amor sexual, y es ciertamente un ingrediente necesario para cualquier relación satisfactoria; pero debido a que podemos diferir en las predilecciones sexuales, debemos buscar el modo para lograr ese equilibrio.

MAGIA NEGRA

Por razones que parecen relacionadas con la oscuridad, la magia negra se considera como algo peyorativo y destructivo para los humanos, aunque en realidad se trata de un arte que trata de conseguir resultados sobrenaturales usando sustancias materiales, ritos e invocaciones. Para ello es imprescindible la ayuda de seres sobrenaturales, no necesariamente malignos, pues solamente mediante su poder, o cesión de parte de él, se pueden conseguir cosas decisivas e importantes.

Los primeros que efectuaron la magia negra fueron los sacerdotes persas, aunque para ellos significaba sabiduría, siendo definida también como La Rama Dorada o, igualmente, un sistema engañoso sobre las leyes naturales en el cual se llega a la conclusión de que la fe universal es la creencia en la eficacia de la magia. Un mago no motiva a sus seguidores como lo hace un sacerdote, y ni siquiera persuade sobre la conveniencia de someterse a la magia. Sencillamente, la realiza ante sus ojos, le pide su colaboración y le dice que espere los resultados que sin lugar a dudas se producirán pronto. Mayor empirismo imposible.

El tipo de magia más antiguo es la magia negra, pues figura unida totalmente a las religiones, y solamente comenzó a denominarse como magia blanca cuando se empleaban elementos naturales, o causas naturales, para conseguir efectos extraordinarios que por sí mismos no parecen naturales. Por tanto, la magia negra busca proporcionar las mismas cosas y sensaciones que la blanca, pero lo hace con la ayuda de entes muy poderosos, especialmente el diablo y sus huestes.

Qué duda cabe que para todos resulta mucho más atractiva este tipo de magia, puesto que, además de poder conseguir nuestros fines y deseos, tendremos la oportunidad única de lograr contactar con los poderes del más allá. Sus ceremonias y rituales son atractivos, en ningún modo aburridos, y para mucha gente suponen un aliciente decisivo para sus aburridas y tristes vidas.

Un mito que va unido a la cultura de Filipinas es la magia negra y allí acuden frecuentemente quienes desean aprender las mejores artes de la brujería. La magia negra es un hechizo que se pone en alguien, se echa, que puede causar bien o mal, por lo que la persona que hace estos conjuros de brujería es muy diferente de cualquier otro mago, y por supuesto de las personas ordinarias.

Algunas historias

«Yo tuve noticias sobre la historia de un amigo que vivió en Filipinas y en ella hay muchas cosas raras. En una ocasión, durante un día de clase, uno de los estudiantes que se sentaba cerca de él se volvió loco. Su cabeza empezó a darle vueltas y salió a la carrera de la clase, mientras sus ojos estaban completamente rojos como si fuera el diablo.»

«Otra historia sobre Filipinas es sobre otro muchacho que saltó fuera de un edificio de diez plantas y cayó justo en la ventana del piso cinco, sin que en ella hubiera ningún tipo de apoyo.»

«Una experiencia personal reciente fue cuando mi madre estaba bajo un hechizo, o al menos esto es lo que nos dijeron, aunque alguien más entendido aseguró que uno o dos espíritus estaban dentro de ella. Ocurrieron muchas cosas raras en nuestra casa desde que mi madre estuvo bajo el hechizo. Una noche, cuando yo estaba hablando con mi novia por teléfono,

un día de calor y sin que soplara nada de viento, vi que la puerta de la calle estaba abierta, algo poco frecuente, pues siempre echo la llave y la dejo en la cerradura. Pero esa noche cuando hablaba por teléfono la puerta estaba abierta. Al principio, solamente me extrañé, pero cuando la puerta se abrió sin que soplara ni una brizna de viento, me asusté. Era al mismo tiempo una sensación bonita y pavorosa. Me levanté, pero cuando estaba llegando se cerró sola bruscamente. Intenté abrirla empleando la llave, pero no lo logré y allí permanecí hasta que mi hermana regresó y la abrió desde fuera.

Otra cosa rara que pasó después en mi casa fue una noche, alrededor de la medianoche, cuando mi hermano estaba viendo la televisión. Todas las luces estaban apagadas y ambos vimos moverse la lámpara que estaba a nuestra derecha y emprender un lento camino. Mi hermano subió asustado hasta su cuarto y yo le seguí con la misma celeridad. Como la lámpara seguía encendida y ya inmóvil, bajamos la escalera para apagarla y al subir a mi cuarto vi la televisión encendida. Yo no recuerdo haberla encendido, especialmente porque decidimos ambos ver la televisión abajo, pero ambos nos quedamos muy preocupados por este nuevo hecho.

Al poco tiempo fue a mi hermana a quien le ocurrió un hecho extraño. Ella nos contó que la noche anterior había estado abajo hablando por teléfono, con la televisión encendida, y de repente la televisión se apagó. El telemando seguía encima del televisor y no había programado ningún dispositivo de apagado. Esa misma noche, y según nos siguió contando, cuando estaba durmiendo sintió la presencia de alguien en su cuarto y que se sentaba al lado de ella en la cama. Salió corriendo y como nosotros estábamos dormidos no quiso despertarnos. A la mañana siguiente nos preguntó la razón por la cual estuvimos en su cuarto mientras ella estaba durmiendo, pero le dimos pruebas de que a esa hora yo estaba realizando mis trabajos sobre arquitectura en la cocina y mi hermano se había quedado dormido en el sofá del salón.»

Un día, cuando mi madre recibió un trabajo para realizar en casa cambió bruscamente su carácter. Mi hermano dijo que la vio durmiendo en el suelo de la cocina y cuando la despertó para pedirla dinero, pues iba a ir a una fiesta, ella solamente le contestó cosas raras, diciendo que esa casa no era la suya. A la siguiente noche, fuimos a un hechicero para ver si averiguaba qué le pasaba a mi madre y él nos recordó todo lo que había pasado, era como si él hubiera estado allí. Cuando explicó que la causa era un espíritu que se había metido en casa, todos volvimos y antes de entrar vimos una figura delante del garaje. Era una figura negra que se escondió tras una esquina.

Todos entramos dentro de la casa y el hechicero nos advirtió que dejásemos la puerta abierta, pues el espíritu debería encontrar una manera rápida de salir. Fuimos recorriendo uno por uno todos los cuartos, incluso el mío, al que consideraba como el más importante para el espíritu. De nuevo abajo, dijo que ya se había marchado y que para que no volviera había que poner la mayor cantidad de espejos posible.

En cuanto a mi madre, ella se quedó durmiendo unos días en la cama, pues el espíritu la había agotado.»

La dulce venganza

Refinamientos en el arte de la magia negra

Todos solemos tener nuestra propia idea de lo que constituye la verdadera magia negra. Algunos la igualan a conceptos de oscuridad e ideas macabras que involucran la muerte y la desmembración, así como destrucción de personas y problemas espirituales horribles. Los peores ejemplos de este mal, por supuesto, son exhibidos por los seguidores de las religiones evangélicas y nos avisan que esas prácticas nos llevan al tormento eterno del alma una vez muertos. Ambas conclusiones son igualmente erróneas y se emplean para atraer o asustar a personas de carácter débil.

Lo que ambos no tienen en cuenta es que los magos que buscan solamente el terror asisten con deleite a todos estos comentarios y que precisamente las críticas de la Iglesia les dan más popularidad, poder y... dinero. Los deseos de venganza de las personas son empleados por ellos para hacerles creer que basta un deseo para que sea cumplido con la ayuda de fuerzas maléficas, del mismo modo que les dicen que sus lágrimas cesarán por el simple hecho de realizar un conjuro.

He aquí un ejemplo sobre un especialista en magia negra

«Había un evangelista de boca grande y perversa que incomodaba todos los días con sus sermones la manera de trabajar de un mago. Gustaba de ponerse en su mismo camino para atormentarle con sus ideas fundamentalistas e inquisidoras. Desde el momento en que descubrió que era seguidor de una secta satánica estrechó su acoso y emprendió una escalada de ataques, fervorosamente apoyados por algunos fieles, hacia ese hombre, como si estuviera realizando algún tipo de cruzada personal. Su plan, al parecer, era aburrirle con amenazas vagas sobre su dios y provocarle temor ante la destrucción que esas prácticas traerían a su alma inmortal.

Nadie sabía si quería destruirle o convertirle, pero lo cierto es que la situación se hizo insostenible con el paso de los días, especialmente porque ese mago debía pasar forzosamente por su calle diariamente para ir a su trabajo. El mago quería evitar a ese evangelista y por eso prefirió guardar silencio y soportar sus frases amenazadoras e injuriosas, aunque no por ello dejó de oír las numerosas voces pidiéndole que abrazase sus ritos y dioses.

Finalmente, el mago se enfadó y pensó que ya era el momento adecuado para poner en práctica sus conocimientos de la magia negra para librarse de lo que consideraba un ser pestilente y molesto. Un día, el predicador dejó caer uno de sus panfletos con versículos (tracto) que solía leer durante sus actos religiosos en su iglesia. Para el lector no informado, le diré que son como una multa pero contra el alma. Indudablemente, la invocación a Satanás estaba dando resultado porque en esa hoja estaba el nombre del evangelista, su dirección y número de teléfono, pues deseaba que la gente acudiese a él en demanda de ayuda.

Rápidamente, nuestro protagonista se inclinó, recogió la hoja de versículos y la arrugó en su bolsillo de la manera más discreta posible. Ahora tenía planes reales para este tipo y no quería que él supiera de este acontecimiento fortuito, por lo que decidió esperar con paciencia un tiempo antes de actuar. Pasó un mes y otro, antes de que se asegurase que el predicador se había olvidado de su tracto y que no le había visto recogiéndolo, y escogió el momento y lugar adecuado para su venganza.

¿Ha oído usted alguna vez de cómo una pequeña bola de nieve que rueda por una montaña, recogiendo residuos, suciedad, piedras y nieve, termina por ser tan grande que arrasa casas y automóviles? Un ejemplo de esta serie de eventos se explica con la frase "La salida es pequeña, pero la llegada gigantesca", aunque algunos lo comparan a un orgasmo retardado. Sin embargo, el mago sabía que el tiempo jugaba a su favor y que para que todo fuera correcto tenía que encontrar un segundo jugador en su pequeño drama de venganza. El mal siempre engendra mal si somos pacientes.

Un día, mientras estaba tratando de encontrar un espacio para aparcar en el centro comercial local, Satanás, una vez más, comenzó a moverse. Un automóvil estacionado estaba comenzando a salir y le dejó que diera marcha atrás y el suficiente espacio para maniobrar, respirando tranquilo por tener ya un lugar para estacionar. Entonces, y como una llamarada, un conductor hosco, montado en un automóvil negro y conduciendo por dirección prohibida, entró en la plaza de aparcamiento con

*absoluta chulería. Ese hombre salió de su automóvil e, igno-
rando los comentarios sobre su comportamiento, se fue sin ni
siquiera mirar atrás. Bien, así sea; no era cosa de pelear por un
trozo de asfalto que pertenecía al centro comercial.*

*Todas las cosas buenas vienen para quien las desea y
espera, y en la ventana trasera de ese coche había una nota
poniéndolo en venta, dando el número de teléfono del desagradable individuo. Apuntó presuroso ese número que consideraba en ese momento como un premio del destino y buscó
otro lugar para aparcar lejos de allí.*

*Esa noche –contaba luego el mago– puse el número de
teléfono de ambos, el evangelista y el conductor maleducado,
en la memoria de mi teléfono y usando un pretexto ficticio les
llamé. Riéndome entre dientes fingí interés por su vehículo y
pronto me proporcionó su dirección y nombre personal: "Mi
nombre es John Harmon, vivo en el 2838 de Worthington en el
lado norte de la ciudad, y si le gusta el automóvil, estoy en el
apartamento B. Le espero a las 4:30 pm., y el automóvil está
en la calle, donde usted puede verlo."*

*Perfecto, mi pequeña venganza diabólica comenzaba ahora.
Como si fuera una pelota de nieve rodando, llamé todas las
noches a cada uno de mis ofensores durante un mes diciéndoles
simplemente: "Es usted un idiota" y colgaba inmediatamente.
Cuando los días pasaron, empezaron a sentirse molestos y depri-
midos por mis llamadas, pasando del insulto a la amenaza y al
ruego para que dejara de llamarles. La tensión era tanta que una
vez el predicador me preguntó con voz agitada: "¿Quién es
usted, hijo del Diablo? ¿Cuál es su nombre y dónde vive?". Comprendiendo entonces que este cascarrabias estaba mostrando su
verdadera cara y ya no era aquel emisario de Dios tan amable y
pacífico, simplemente dije: "Mi nombre es John Harmon y vivo
en el 2838 de Worthington en el lado norte de la ciudad." Por
supuesto tomó nota de esa dirección y me contestó: "Quédese
ahí, hijo de Satanás, y ahora mismo le veré para darle puntapiés
en su culo y sacarle calle abajo como si fuera un asno."*

Me figuré que le llevaría al predicador por lo menos media hora atravesar la ciudad hasta el lado norte y encontrar a John Harmon, por lo que puse el resto del plan en movimiento. Sabía que cronometrar todo a la perfección era de suma importancia para el éxito de mi venganza, pero tenía ya todo el itinerario perfectamente planeado. Sabía la duración de cada semáforo y el tiempo que se invertía en llegar de un lugar a otro. Por fin, el juego había comenzado y cuando estuve seguro de que ambos ya se habían encontrado y que la pelea era un hecho, llamé a la policía desde una cabina telefónica cercana y les dije que había un tipo pegando a otro a la altura del 2838 de Worthington. También llamé a las emisoras de televisión y radio locales, diciéndoles que había una guerra de bandas rabiosas en esa misma dirección.

Compré una bolsa de palomitas de maíz y una bebida fría en la tienda de enfrente donde se estaban desarrollando los acontecimientos y, con el motor de mi coche apagado y perfectamente estacionado, esperé discretamente a que la película continuara su curso. Cuando los medios de comunicación llegaron, un poco después de los coches de la policía, el predicador y el conductor mal educado estaban ya en pleno intercambio de puñetazos, mientras yo procedía a ingerir la palomita 35 (o la 36) y apuraba la última gota de mi refresco.»

ENTIDADES RELACIONADAS

Los vampiros

El posible origen del vampirismo

Aún hoy todavía existen discrepancias sobre si en verdad existieron –y existen– personas que chupan la sangre a sus víctimas para sobrevivir. Según los expertos, a un humano de nada le vale chupar sangre, ya que su estómago no puede digerirla y lo más probable es que la expulse mediante el vómito. Si esto es así, ¿de dónde viene la creencia de que bebiendo sangre se alcanza la inmortalidad? Antiguamente, los hemofílicos (enfermos con falta crónica de hemoglobina) han intentado inútilmente beber sangre para curar su mal y para ello no han dudado en matar carneros nonatos, niños recién nacidos y, sobre todo, doncellas vírgenes. Detrás de ello no siempre estaba el deseo de ver curada su enfermedad, sino que en la mayoría de las ocasiones era una excusa para la venganza o la orgía sexual.

Drácula

Pero no será hasta el siglo XV cuando un siniestro personaje llamado Vlad Tsepech Drácula, príncipe de la rumana Valaquia, decide pasar a la historia como el primer vampiro humano de prestigio. Descendiente de la estirpe «Draco», los dragones de la guerra, traducción latina de «Drácula», este victorioso señor no tiene piedad con sus enemigos y en venganza, porque los turcos le hicieron prisionero cuando era joven y se vio en la obligación de comer ratas para sobrevivir, cuando consiguió la victoria llegó a empalar hasta 100.000 prisioneros, a los cuales situó delante de su castillo. Además, para que su obra no fuera olvidada jamás, organizó banquetes multitudinarios delante de su macabra exposición.

Cuando murió, sus enemigos le cortaron la cabeza y le enterraron así en dos tumbas para evitar que volviera del otro mundo para vengarse. De poco les sirvió, ya que unos años después sus tumbas aparecieron abiertas y sin restos del tirano. Desde entonces, el vampiro sale todas las noches por tierras de Rumania y sacia su sed de sangre con mujeres y niños indefensos.

Un siglo después nace una aristócrata húngara llamada Elizabeth Bathory, la cual tiene un hijo ilegítimo a los catorce años y para evitar la deshonra se casa con un noble, yéndose a vivir al castillo de Csejthe. Pero como la cabra siempre tira al monte y solamente es cuestión de dejarla en libertad, cuando su marido se iba a la guerra esta mujer se dedicaba a mantener relaciones sexuales con mujeres, varones sombríos y cuantos brujos conocía. No satisfecha con ello, torturaba de mil maneras a las mujeres de su servidumbre, especialmente a las más guapas, y cuando empezó a notar las primeras arrugas en su rostro las mataba después de hacer el amor con ellas y utilizaba su sangre aún caliente como agua de baño. Cuando fue descubierta (su marido contribuyó a ello), la emparedaron viva en una de las habitaciones del castillo y hay quien dice que sus gritos de dolor y venganza se siguen oyendo desde entonces.

Y así, la figura del vampiro decae en la mente de las gentes hasta que la literatura la rescata tres siglos después, pero ahora afortunadamente en personajes literarios. William Polidori, un escritor amigo de Lord Byron y de la célebre Mary

Shelley, escribe «El vampiro» la misma noche en que Mary esboza la historia de «Frankenstein». Corría el año 1819 y en la novela se describe a un vampiro llamado Lord Ruthven, historia que llega al *New Monthy Magazine*, pero la novela es casi un fracaso absoluto, hasta el punto que su creador murió pobre y sin prestigio alguno, al menos en vida.

El tiempo hace justicia a quien se lo merece, casi siempre tarde, y años después el mismísimo Alejandro Dumas lleva esta desconocida obra al teatro con gran éxito. Hay quien asegura, no obstante, que otros autores como Burger y el alemán Goethe habían tocado ya el tema del vampirismo en obras como «Eleonora» y «La novia de Corinto».

Otros escritores que se apuntaron al tema de los chupadores de sangre (quizá una metáfora contra los aristócratas de entonces) fueron Thomas Preskett con «Varney» y Joseph Sheridan con «Carmilla», personaje tenebroso que el cine revivió muchos años después en dos películas.

Abrahán Stoker

Abrahán Stoker nació en Dublín en 1847 y cursó sus estudios en el Trinity College, el mismo lugar donde estudiaron algunos grandes autores de la literatura fantástica, lo que indudablemente influyó en sus gustos, lo mismo que pertenecer a una secta extraña denominada Golden Dawn in the Cuter, algo así como una asociación de amigos de lo esotérico.

De niño era muy solitario, quizá porque tenía ciertos problemas para andar que le impedían jugar con libertad y solamente logró superar su disfunción física al cumplir los siete años, llegando posteriormente a convertirse en un buen atleta y jugador de fútbol.

Ya adulto, se dedicó al mundo del teatro, pero no como actor sino como representante y empresario, teniendo entre sus clientes a Henry Irving, un actor muy famoso en esos años. Y fue precisamente a ese actor a quien le enseñó uno de sus relatos fantásticos, el que posteriormente titularía «Drácula», pero por toda respuesta recibió este despectivo comentario: «Dreadful» (horrible), y eso que ni siquiera terminó de leerlo.

Aun así, y dada su influencia empresarial, la novela se publicó y tuvo que soportar entonces un montón de críticas adversas en las principales revistas literarias del momento. Parece ser que no le influyeron demasiado estos comentarios y siguió escribiendo nuevas obras, entre ellas «La guarida del gusano blanco», «La dama del sudario», «Los misterios del mar», «La casa del juez» y «La joya de las siete estrellas».

«Drácula» salió al mercado en 1897 y en ella apareció también el implacable Van Helsing y todo el mundo del vampiro que posteriormente fue considerado válido por los demás autores, especialmente su horror a la luz y los ajos, su seducción con las mujeres, su ataúd como lecho y su facilidad para volar si antes no le habían puesto un crucifijo delante.

Dicen que el castillo de Drácula estuvo inspirado en uno real que existe todavía en la localidad de Bran y que las refinadas maneras del conde las sacó de su amigo Irving. Como suele ocurrir, Stoker nunca pudo disfrutar del éxito de su novela «Drácula» y murió en Londres el 20 de abril de 1912, dos años después de escribir su última obra, «Impostores famosos».

Cine

Aunque la mayoría de los aficionados creen que fue «Nosferatu, el vampiro» (Nosferatu, Eine synphonie des Grauens), de 1922, la primera película de vampiros de la historia, lo fue solamente en el sentido de que era la primera que estaba basada en la obra de Stoker, pero antes se habían rodado otras versiones libres, como fueron «Vampydanserinden» (1911), «La vampira india» (1913), «La torre dei vampiri» (1913), «The vampire» (1913) y «Der vampyr» (1919).

La razón de que «Nosferatu, el vampiro» (1922) esté considerada como la primera película de la historia sobre Drácula, podríamos entenderla por ser la única que está basada en el texto de Stoker, aunque curiosamente no figura en los títulos de crédito, quizá para eludir derechos de autor.

En esta película, por el motivo antes mencionado, el vampiro se llama Orlok (interpretado por Max Schreck) y el autor del argumento fue Henrik Galeen, aunque la viuda de Stoker le puso una demanda judicial por plagio. La película tuvo cierto reconocimiento en su tiempo y, aunque bastante polémica a causa de las inclinaciones bisexuales del vampiro, logró pasar a la historia y con ella su director F. W. Murnau, aunque no pudo saborear su triunfo, ya que hubo una orden judicial de destruir las copias. Afortunadamente, aunque la sentencia se cumplió y arruinó a la productora, algunas copias estaban ya en el extranjero y por ello aún hoy se puede visionar en las filmotecas.

Después de este éxito, llegaron a la pantalla obras menores, como «Vampiry Warzawy» (1925) y «La bruja vampiro» (1930), basada en la novela de Carl T. Dreyer «Carmille», existiendo una versión teatral en 1927, obra de Balderston y Deane, la cual a su vez estaba basada en la obra que Stoker había estrenado en 1897.

Dos años después, en 1929, la Universal decide llevar de nuevo al cine la obra «Drácula» y bajo la dirección de Tod Browning empieza a elaborarse el proyecto, esta vez contando con la aprobación de la viuda de Abrahán Stoker, la cual «cedió» los derechos de la obra de su marido en sólo 40.000 dólares y eso gracias al tesón de Bela Lugoshi.

La película se estrenó por fin en 1931 y la publicidad no hablaba de vampiros sino de una extraña historia de amor, la cual empezaba con una frase del vampiro que decía: «Yo soy Drácula, bien venido», expresada en un defectuoso inglés por Lugoshi, el cual por cierto había reemplazado a Lon Chaney a causa de su repentina muerte.

El papel de Van Helsing estaba representado por Edward Van Soloan, el guión era de Garret Fort, la música de Tchaikovsky, y Helen Chandler era la protagonista femenina que cautiva al conde.

Del director Tod Browning sabemos que nació en 1882, que se fugó a los dieciséis años de su casa para irse con una bailarina y que se inicia en el cine en 1914 trabajando como actor en la película «Intolerancia», hasta que en 1917 dirige «Jim Bludso». Popularizado gracias a la película «Drácula», dirigió posteriormente «La parada de los monstruos», «La marca del vampiro», «Muñecos infernales» y «Miracles For Sale» en 1939. Desde ese año desaparece del mundo cinematográfico y la prensa le menciona como fallecido en numerosas ocasiones, sin que aún hoy tengamos certeza de cuándo murió, ya que algunas fuentes dicen que fue en 1962 y otras en 1944.

Entre los datos curiosos del filme tenemos el hecho de que Lugoshi no tuviera que soportar ningún tipo de maquillaje, ya que su extrema palidez daba el aspecto diabólico necesario. También es de destacar que después de conseguir los derechos sobre la novela original de Stoker, el guionista basó la película en los textos de Balderston y Deane, los autores teatrales, eliminándose la secuencia final en la cual el actor Edward Van Soloane se dirige al espectador para decirles que los vampiros existen.

Después de este filme se hizo una secuela en 1934 titulada «La marca del vampiro» y en 1944 «El retorno del vampiro», también con Lugoshi como protagonista, pero dirigida por Lew Landers. Anteriormente, en 1931, España realizó una versión de Drácula con el actor Carlos Villarias como el conde y Lupita Tovar como Mina, y hasta el popular Mickey Mouse tuvo que vérselas con un chupasangres en «La gran gala de Mickey Mouse» en 1933.

En esos años, y con la leyenda fuertemente arraigada en el público, se estrenaron entre otras: «La hija de Drácula» (1933), aprovechando los decorados de otras versiones anteriores e interpretada por Gloria Holden (Mina); «La cíngara y los monstruos» (1944), con John Carradine; «La mansión de Drácula» (1945), con Martha O'Driscoll, y hasta una parodia que dirigió Charles Barton titulada en España «Bud Abbot y Lou Costello contra los fantasmas». Otras películas que con más o menos honor han pasado por las carteleras fueron: «Drákula Istanbulda» (1953), «La sangre de Drácula» (1957) y «La vuelta del vampiro» (1958), justo el mismo año en que la Hammer decide tomar el timón y realizar algunas de sus mejores películas de terror.

Libros antiguos

Sobre los vampiros y sus poderes mágicos hay numerosos libros, no solamente el popular «Drácula» de Abrahán Stoker. Uno de ellos, «El Libro de Enoch», ofrece una lectura interesante, pues además de explicar los orígenes de la magia, también se refiere a los vampiros y criaturas similares. Probablemente el mejor comentario que se puede hacer sobre él es que resulta adecuado para aquellos que creen en vampiros, hombres-lobos y similares.

«El Libro de Enoch» es considerado como un Apocrypha, o libro al margen de la Biblia, que explica los mismos hechos históricos. La Biblia, ya lo sabemos, es bastante confusa, pues fue escrita por diversas personas de distintas épocas, hasta que se decidió unir todos estos escritos bajo el genérico nombre que conocemos. Sin embargo, es probable que en esta recopilación eliminaran todos los textos conflictivos o que no mantuvieran la misma línea de alabanza a los profetas y a Dios.

Por eso el «Libro de Enoch» fue declarado apócrifo y, como el Libro de Seth y otros manuscritos antiguos, se le negó la entrada para ser aceptado en la versión original de la Biblia. En «El Libro de Enoch», hijo de Jared, se habla por primera vez de unos ángeles llamados «brujos», los vigilantes que protegen a los seres humanos.

Sin embargo, la leyenda dice que mientras miraban a los seres humanos, se enamoraron de algunas mujeres terrenales y decidieron abandonar su morada y unirse a ellas en la Tierra para siempre. De este amor nacieron niños y los ángeles enseñaron a sus esposas e hijos trucos de magia y otras habilidades, previamente desconocidas para los humanos.

Los primeros vampiros

Pero estos niños no eran precisamente humanos y así lo demuestran las numerosas citas de «El Libro de Enoch».

- *«Ellos causarán lamento. Ninguna comida deberán comer y estarán sedientos; se ocultarán y harán daño a los hijos de hombres, y también a las mujeres; porque ellos traen días de matanza y destrucción.»*
- *«Ellos se volvieron contra los hombres para devorarlos».*
- *«A Gabriel también el Señor le dijo: Vete al estafador, al fracasado, a los niños fruto de la fornicación, y destrúyelos, evita la descendencia de los brujos entre los hombres; ponlos juntos y que se peleen uno contra otro. Permíteles perecer por matanza mutua.»*
- *«Y empezó a dañar pájaros, bestias, reptiles y pescados, para comer su carne uno después de otro, y beber su sangre.»*
- *«Y acerca de la muerte de los gigantes, permite que su carne, que es perecedera, se quede sin el juicio. Así deban ellos permanecer hasta el día de la gran consumación del mundo. Una destrucción tendrá lugar y el impío desaparecerá.»*
- *«Permita su carne estar sin juicio y que sea destruida antes.»*

En esta época las palabras «vampiro» y «hombre-lobo» no existían, pero en estas citas encontramos todas las características de estos seres: bebiendo sangre (vampiros), comiendo carne humana y de animales (hombre-lobo). Cuando dicen que «ninguna comida deberán comer y ellos estarán sedientos y se ocultarán», nos preguntamos si se refieren a sedientos de sangre y si se ocultarán de la luz. Indudablemente, están refiriéndose a cuerpos que parecen humanos diferentes.

Las creencias religiosas de todo tipo han insistido en hacernos creer en un poder omnipotente que puede bajar y destruirnos por nuestros «pecados», concepto que es más una doctrina religiosa a medida de la Iglesia que un mandato divino.

Vampiros psíquicos

Los vampiros psíquicos son individuos que agotan la energía vital de otros. Este tipo de personas pueden encontrarse en todas las avenidas de la sociedad. No llenan ningún propósito útil en nuestras vidas, ni nos aman, ni por supuesto son buenos amigos. Muchos de nosotros seguramente encajaremos en esta categoría de vampiros sin ser conscientes de ello, pero lo importante es que sepamos descubrir con facilidad a estas personas aparentemente afables.

Si usted piensa que puede ser víctima de semejante persona, hay unas reglas simples que le ayudarán a tomar una solución:

1. ¿Hay a menudo una persona que le llama o visita, aunque usted realmente no quiera, esencialmente porque sabe que usted se sentirá culpable si no le recibe?

2. O, ¿se encuentra usted constantemente haciendo favores a alguien que no se los pide directamente, pero sí lo hace de manera sutil, con indirectas?

3. ¿Hay alguna persona que le dice cosas como: «Oh, yo no podría pedirle que hiciera esto por mí»?

Los vampiros psíquicos nunca exigen directamente algo de usted. Lo que hacen es mostrar sus deseos simplemente de manera sutil para no ser considerados como una peste. Dicen que «no quieren presionar» ni «imponer su criterio», y hasta son capaces de afirmar sin el menor pudor que «estarían satisfechos de aceptar todo de buena gana, sin quejarse».

Sus pecados no son de comisión, aunque sí de omisión. Es lo que no dicen, no lo que dicen, lo que le empuja a usted a ser considerado con ellos. Son tan astutos haciendo demandas, que evitan peticiones directas que saben que serían rechazadas por egoístas. Un porcentaje grande de estas personas tiene «atributos» que hacen que sus deseos de complacerles sean intensos. *Le hacen creer que dependen básicamente de usted para ser felices y así le tienen casi como un bufón tratando toda la vida de hacerles sonreír.* Muchos vampiros psíquicos son inválidos (o pretenden serlo), tanto mentalmente como emocionalmente, y frecuentemente corporalmente. Muchas personas llevan un bastón en sus vidas, solamente para pedir y no dar, pues si se les mira como inválidos seguro que alguien les ayudará eternamente.

La manera tradicional de desterrar un demonio es reconocerlo por lo que es, y exorcizarlo. El reconocimiento de estos demonios modernos, que viven lo mismo de día que de noche, es el único antídoto para quitárnoslos de encima sin remordimientos. La mayoría de ellos son personas pasivas y que no gustan de dar la cara por nada ni por nadie. Suelen buscar como víctimas a «almas pobres» o mentalmente confundidas, alguien que suele ser tan poco afortunado como ellos y que cree que ayudando a otros se ayudará a sí mismo. Esto les lleva a un sentido de responsabilidad equivocado (en realidad es un infundado sentimiento de culpa) que nutre muchos altruismos que servirán de fiesta para los parásitos.

BRUJAS Y BRUJOS

Brujería

Definición

Brujería (también llamada Wicca o simplemente Destreza) es la parte del movimiento religioso dinámico contemporáneo conocida como paganismo y que se aplica a los idólatras y politeístas, especialmente a los antiguos griegos y romanos, así como al infiel no bautizado. Es una religión centrada en la naturaleza y que honra ocasionalmente a una diosa y normalmente a un dios, y usa la magia como herramienta de transformación personal y global. Utiliza normas religiosas, tradiciones políticas y científicas a lo largo de la historia, desde el culto a los dioses, la astrología, la psicología de Jung, el feminismo y la física cuántica.

Está caracterizada por un respeto profundo hacia todas las cosas vivientes, acepta la responsabilidad personal y social evitando culpar a otros de sus actos, sigue los ritmos naturales, efectúa la sanación mediante productos de la naturaleza, busca el equilibrio entre todos los aspectos del ego y la sociedad, da sentido a la vida misma, preguntándose sobre su significado, y celebra la sexualidad. En resumen: mantiene una posición positiva en la vida y potencia la espiritualidad.

Historia

Los primeros escritos modernos sobre la brujería se publicaron en los años 50, después de que fueran derogadas las últimas leyes británicas contra su práctica, cuando Gerald Gardner publicó varios libros que describen las tradiciones de la Destreza en las que él había sido iniciado. Gardner sintió esa necesidad motivado por ver cómo una tradición milenaria y cultural se estaba perdiendo aunque, para su sorpresa, vio que había muchos otros estudiosos que hacían lo mismo en la penumbra del anonimato. Gardner, con la ayuda de Doreen Valiant, desarrolló la tradición que lleva su nombre y en la cual combina elementos de trabajo de su propio Congreso con la mitología, albañilería, folclore y muchas otras fuentes. Las variaciones que divulgaba en su «Gardnerian Wicca» se desarrollaron casi inmediatamente, sobre todo en los Estados Unidos, cuando los practicantes crearon sistemas que satisfacían sus necesidades particulares. Hay ahora diez tradiciones mayores en Estados Unidos, con miles de variaciones.

Historia sobre la brujería

La palabra original es Wicca y significa, según la magia celta, «arte de los sabios o de los dedicados», no siendo extraño que todavía se encuentre la palabra Wicca como modo para definir la brujería en general o el arte de ser brujo. De cualquier manera, su antigüedad puede alcanzar los 6.000 años, lo que nos lleva inmediatamente a considerarlo un fenómeno cultural digno de estudiarse, en lugar de condenarlo.

La brujería es una religión que se originó en África y llegó hasta Haití con los esclavos, donde todavía es practicada ampliamente por la mayoría de sus habitantes. Muchas de las características de esta creencia son positivas y afectan a todos los aspectos de las vidas de las personas, como moralidad, economía, seguridad, relaciones sociales y salud.

Las primeras referencias escritas sobre la magia negra provienen de las culturas sumerias, babilónicas, egipcias y griegas, en donde tuvieron un gran arraigo rivalizando con las religiosas e incluso por encima del pensamiento científico. En esta época la mayoría de las personas creían que los procesos naturales estaban controlados por los espíritus y utilizaban la magia para pedirles ayudas y favores.

No empleaban elementos químicos en un principio para sus rituales, aunque poco a poco incorporaron el hierro, oro y cobre. Durante algún tiempo los filósofos griegos Thales y Aristóteles especularon sobre la composición de la materia y divulgaron que la tierra, el aire, el fuego y el agua (más una quinta sustancia conocida como «quintaesencia») eran los elementos básicos que componían toda la materia.

Justo en esta época es cuando aprendieron a elaborar el bronce, mezclando cobre y estaño, y esto indujo a muchos científicos del momento a creer que si pudieran combinarse diferentes metales amarillos duros podrían conseguir oro o, lo que es igual, conseguir la piedra filosofal. Esta creencia de que el oro podría formarse con otras sustancias llevó a un conjunto de especulaciones y experiencias relativas a las transmutaciones de la materia, conocida como alquimia. Indudablemente, no consiguieron el propósito original de fabricar oro, pero influyó en el origen de la ciencia química. La búsqueda de la piedra filosofal tuvo destacados y célebres seguidores durante la Edad Media, especialmente en Egipto y Asia Menor, siendo introducida en Europa por los árabes y los judíos.

Es difícil definir a la brujería como religión, filosofía, arte o ciencia, pues posiblemente englobe todo ello. Puede, igualmente, considerarse como una práctica pagana (idólatras o gentes no bautizadas) o como monoteísta (que reconoce a un solo Dios), e incluso como ambas, pues su energía se basa en la fuerza vital del universo y en la que aportan los dioses o diosas. No cree en el cielo ni en el infierno, pues considera que todo forma parte del mundo invisible y que lo importante es dirigir y encauzar ese mundo para provecho de los humanos. *Ser brujo o bruja no es cuestión de realizar unos estudios concretos, un doctorado, pues se necesitan primordialmente ciertas facultades que vienen grabadas desde el nacimiento.* Después es necesaria una dedicación exclusiva, pues no se puede ser bruja de noche y secretaria de día, además de un compromiso noble con los postulados de la brujería y fe ciega en lo que hace y quiere conseguir. Luego, necesitará indudablemente el asesoramiento de una bruja o jefe mayor, más experimentado, pues deberá aprender los conjuros y rituales necesarios y que éstos estén unificados bajo un mismo principio, que no es otro que aquel que legaron los antepasados.

La posibilidad de que un conjuro efectuado por una bruja sea más efectivo que si lo efectúa una persona no experta, reside no solamente en la experiencia, sino en las capacidades psíquicas y espirituales que debe poseer desde su nacimiento. Una vez conseguidas ambas cosas, solamente falta un ritual adecuado, en un ambiente correcto, y emplear las palabras decisivas.

Brujas

Se cree que la palabra «bruja» viene de la raíz germánica «wic», que significa «volverse» o «doblar». El uso de los términos «bruja» y «brujería» es objeto de polémica para los *wiccans* (brujos), pues algunos practicantes sienten que estas palabras están cargadas con tantas connotaciones negativas que les causan más problemas que beneficios. Estos *wiccans* prefieren los términos «sacerdote» o «sacerdotisa».

Otros practicantes creen que estas palabras deben salvarse como definición para ciertas personas (particularmente las mujeres) con poder espiritual. Muchas brujas consideran que los sanadores, parteras, mujeres sabias y hombres hábiles del pasado son sus predecesores, aunque se etiquetaron las prácticas de estas personas y sus creencias bajo el apelativo de «satánico» por inquisidores ávidos de acabar con la práctica de cualquier otra religión. Este estereotipo falso persiste hasta el momento.

Es difícil generalizar sobre el mundo de las brujas y más difícil aún describir sus habituales métodos o planteamientos, puesto que no hay una doctrina única y cada individuo encuentra su propio camino. Sin embargo, la mayoría de las brujas se adhieren a principios generales similares a los que se describen aquí. *El único elemento importante que las brujas comparten en común es su adhesión al principio elemental: «Si no daña a nadie, haga lo que usted quiera.»* Esta máxima anima a la libertad personal dentro del contexto de la comunidad. Muchas brujas también creen en la Ley Tridimensional o Ley de Retorno, por la cual las modificaciones energéticas que la bruja envía a sus adeptos les proporciona un mejor entendimiento y perfección en particular. Por consiguiente, es mejor tratar a otros con amor, generosidad y respeto.

Las brujas generalmente ven el mundo de forma holística, una forma completa que no se puede dividir, y también ven todas las partes de la existencia, espiritual, intelectual o sensual, como interconectadas. Una de las enseñanzas más comunes en la Destreza es amar y respetar la vida en todas sus formas.

Este sentido de interconexión se ve honrando a la diosa. La mayoría de las visiones de la diosa están basadas en la antigua distinción sobre la vida, lo bueno y lo malo. Dentro de la diosa, no hay ninguna abertura entre el cuerpo y la mente, entre la materia y el espíritu. La naturaleza se ve como algo sagrado y, puesto que nosotros somos parte de la naturaleza, también somos sagrados. Las brujas encuentran alegría en lo material así como en los mundos espirituales, sin que consideren a la sexualidad como algo «sucio».

Lo creado por Dios es sagrado

Mientras algunas brujas honran un solo aspecto de las diosas, otras honran la sociedad divina de diosas y dioses. La diosa se ve a menudo de tres formas: soltera, madre y vieja arrugada, mientras a Dios puede verse como Dios de los Bosques y Señor de Muerte y la Resurrección. Puesto que muchas brujas creen en la reencarnación, la muerte no se considera como un final, sino meramente como una transición natural.

Prácticas y creencias

Ésta es un área donde las generalizaciones son aún más difíciles de hacer. Sin embargo, la mayoría de las brujas realizan rituales para marcar transiciones naturales, como las fases lunares, equinoccios, solsticios y las fiestas agrarias tradicionales. Las brujas acostumbran armonizar sus rituales con los ritmos naturales y dar gracias por la bondad de la Tierra.

Los rituales habitualmente involucran la consagración de un espacio (normalmente un círculo o esfera), honrar a los cuatro elementos, invocar a deidades y una comida. Normalmente las reuniones o congresos (Coven) se efectúan entre tres y trece miembros.

Dentro del círculo, se eleva el poder a través de la meditación, los cantos con tambores y el baile. Este poder se usa por sanar o potenciar otras formas de magia. Las actividades adicionales en el círculo incluyen la adivinación, lectura de poesías, oraciones y recordar dramas o mitos antiguos.

Las brujas son conocidas como sacerdotisas de Wicca y participan en el ritual religioso sin un intermediario, pues creen que la divinidad reside dentro de cada uno y puede accederse a través del ego.

La brujería no tiene nada que ver con el satanismo

Satanás es un concepto judeo-cristiano y la Destreza no tiene nada que ver con el judaísmo o la cristiandad. Las brujas aborrecen la manipulación y los actos explotadores, como se atribuye frecuentemente a los que siguen a Satán. No aceptan tampoco el concepto de una personificación del mal y por ello no buscan el poder a través del sufrimiento de otros.

Las brujas son esencialmente sanadoras, pues son hábiles curando huesos rotos o espíritus tristes. Las brujas no son tampoco anticristianas ni están en contra de cualquier otra fe, y aunque suelen ser paganas respetan el derecho del individuo a la libertad de culto. Tampoco ponen interés en coger nuevos adeptos ni en realizar ningún tipo de proselitismo, pues confían en que los individuos descubran el camino espiritual apropiado para ellos.

Dos cosas que han sido mal entendidas a menudo por el público son el «Libro de Sombras» y los pentagramas. El primero es un compendio de las leyes de un congreso o una bruja, con párrafos sobre ética, rituales, hechizos, técnicas de entrenamiento y experiencias. El pentagrama, o estrella de cinco puntas, es conocido desde tiempos babilónicos y ha representado, entre otras cosas, protección, el cuerpo humano, la mano, el elemento tierra y el equilibrio perfecto. Si se pone invertido, con la punta hacia abajo, se usa como símbolo para la iniciación del segundo grado en brujería de Gardnerian, pero en general el pentagrama se muestra en la posición derecha. Algunos ignorantes ven y sienten la inversión del pentagrama como algo satánico, y por tanto una corrupción de la Destreza, del mismo modo que la cruz invertida se ve como una corrupción para la cristiandad.

Por último, mientras términos como «magia blanca» o «magia negra» pueden parecer que clarifican dos conceptos diferentes, pues hay quien afirma que separa a las brujas de los satánicos, los términos son inherentemente racistas y la mayoría de las brujas no los usan.

La brujería es un camino espiritual dinámico, exigente, basado en el crecimiento personal, mediante ritmos naturales y una intensa relación con la divinidad. Curando el ego, la comunidad y la Tierra, las brujas están haciendo contribuciones positivas para crear un mundo más saludable.

Brujas en el cine

Mary Poppins (Julie Andrews)

Mary Poppins llega deslizándose desde lo alto con un paraguas mágico como paracaídas. Ella se encuentra con el señor Banks y está de acuerdo en aceptar el trabajo. Michael y Jane están siempre desarreglados, pero Mary Poppins usa sus habilidades mágicas (y una canción) para conseguir que arreglen su ropa y sus cuartos. Luego, ella los lleva de paseo por los tejados de la ciudad y allí los deshollinadores limpian las chimeneas mientras bailan con su amigo Bert (Dick Van Dyke).

Bert es un divertido personaje que no se asombra con los trucos de magia de Mary, y su mente fantástica le lleva a dibujar un cuadro en la acera que se convierte en real gracias a la guapa bruja. Pronto los cuatro entran en otro mundo, juegan y bailan con pingüinos animados que les sirven té, dan vueltas en un carrusel con caballos que prefieren trotar fuera, pues tienen alas imaginarias y, galopando por el campo, pasan todos un día maravilloso. Entonces la lluvia empieza a caer y deben salir rápidamente del cuadro o se quedarían para siempre en esa tierra fantástica.

Al día siguiente, Mary Poppins lleva a Michael y Jane junto a su excéntrico tío Albert (Ed Wynn), quien solamente parece interesado en reír, y cuando lo hace a carcajadas flota en el aire y sube al techo para tomar un té. Pronto invita a subir a Mary Poppins, Michael y Jane, y todos terminan riéndose por igual. Cuando los niños le cuentan estas aventuras a su padre, lógicamente él se enfada y no les cree. Le gustaría expulsar de su casa a Mary Poppins, pero ella logra cautivarle con sus razonamientos.

Kim Novak («Me enamoré de una bruja»)

Sheperd Henderson (James Stewart) es un publicista solitario, amable e ingenuo, que no acaba de creerse que la guapa

Gilliam (Kim Novak) sea una bruja. Con el paso de los días, los encantamientos y los hechizos se producen con tanta abundancia y eficacia que no duda de ello, aunque esto no le hace feliz y decide alejarse de ella.

Nicky (Jack Lemmon) también sufre las consecuencias de sus hechizos, aunque pronto se da cuenta que no son los trucos de magia lo que la hacen más atractiva, sino esa forma de mirar que subyuga a todos.

Las brujas de Eastwick

Ahora nos muestran inicialmente a un brujo llamado Daryl (Jack Nicholson) fuertemente misógino, pero al mismo tiempo intensamente seductor y sexual, que quiere entablar relaciones amorosas con las mujeres más bellas del pueblo. El brujo no es muy guapo, ni tampoco tiene modales exquisitos, pero le basta con mirar a las chicas para llevárselas a la cama, aunque pronto se dará cuenta que ha elegido mal a sus presas.

Ellas son: Alexandra (Cher), morena y escultora; Jane (Susan Sarandon), pelirroja y violoncelista, y Sukie (Michelle Pfeiffer), una periodista rubia, teniendo ellas como lazo de unión no estar casadas, bien sea por quedarse viudas, divorciadas o decir «¡ahí te quedas!». Cuando se sienten engañadas y manipuladas por el sagaz diablo Daryl deciden aprender sus propios trucos de magia y darle un escarmiento, si es posible mortal. También hay otra mujer llamada Felicia (Veronica Cartwright), quien no ha tenido un orgasmo en toda su vida y se siente amargada por no formar parte de las orgías con ese diablo tan sexuado.

La bruja novata

Angela Lansbury es una aprendiza de bruja que tiene que ir detrás de su maestro para poder sacarse el título de experta en brujería. Ella ha seguido el curso por correspondencia, pero falta el último capítulo, justo el que contiene las palabras mágicas para poder efectuar conjuros. Montada en una cama que puede viajar en el tiempo y el espacio, simplemente con girar un boliche, llega hasta Portobello Road junto con tres pequeños huérfanos que desean igualmente realizar un viaje fantástico. Ellos no creen en la magia, ni tampoco en esa aprendiz de bruja, pero como no tienen otra cosa que hacer se muestran encantados con la idea.

Cuando por fin se encuentran con el maestro David Tomlinson se dan cuenta que sabe de magia tanto como ella, o sea, casi nada, aunque existe la posibilidad de que todos consigan alcanzar el título de brujos si encuentran el final del manual. Lansbury pronto aprende a volar con escoba, a efectuar pequeños conjuros que logran convertir a las personas en animales y aunque no está enamorada de su maestro no se aparta de él. Cuando llegan los nazis todo se complica y deben poner en movimiento a los espíritus para que les ayuden, por lo que un macabro ejército de trajes y armaduras flotantes hace frente a los invasores.

El retorno de las brujas

Las brujas son conducidas ahora por Winifred (Bette Midler), que está tan exagerada como siempre, pero que logra convencernos de que es tan mala como fea. Sus compañeras son Sarah (Sarah Jessica Parker) y Mary (Kathy Najimy), algo más guapas, pero igualmente perversas.

Todas ellas han sido víctimas de un hechizo que las hizo desaparecer del mundo y solamente pueden retornar a la vida encendiendo la vela de la llama negra. Cuando unos chicos la encienden vuelven a la vida y empiezan a sacar sus malos humores contra los humanos.

Requisitos para ser bruja

En resumidas cuentas, para ser bruja éstos son los requisitos:

1. Estar dotada de unos atributos naturales que le permitan percibir sensaciones extrasensoriales habitualmente fuera del alcance de la mayoría de las personas.
2. Ser consciente de que posee estas facultades.
3. Respetar y considerar a la Naturaleza como un bien inigualable.
4. Creer en Dios o conjunto de dioses.
5. Estar convencida de un orden universal.
6. Creer tanto en el mundo visible como en la existencia del invisible.

Es necesario también que:

- Conozca perfectamente todo lo relacionado con la astrología, adivinación, precognición y telepatía.
- Sepa manipular y utilizar las plantas medicinales correctamente.
- Pueda contactar sin problemas con los espíritus.
- Sepa dar consejos psicológicos adecuados a sus seguidores.
- No milite en ninguna causa política, integrista, racial o que discrimine a ambos sexos.
- Sepa cultivar y fecundar los campos.
- Pueda ayudar igualmente a nacer o a bien morir.
- Debe saber que sus poderes especiales siempre han de ser empleados para hacer el bien.
- No debe sentir miedo de las entidades maléficas del más allá.
- No debe orar ni implorar a su dios, pues solamente debe ponerse en contacto con él.
- No debe olvidar que todo aquello que haga por los demás repercutirá en ella tres veces, incluidas las acciones desafortunadas.

Organización

Puesto que la brujería es una filosofía de orientación social y ayuda, es importante que no trabajen aisladas y que se integren en grupos afines, pues esto les proporciona mayor energía. Lo habitual es formar un *coven* o grupo de trece personas, pues este número coincide con los trece meses lunares del año. No hay inconveniente en que este grupo sea de seis parejas, varones y mujeres, pues así el equilibrio de las fuerzas será perfecto.

El líder será una suma sacerdotisa o un sumo sacerdote, aunque frecuentemente existen ambos. Si existen discrepancias sobre quién tiene derecho a ejercer como líder, se tendrá en cuenta la herencia, pues quien es descendiente de brujos tendrá una genética más adecuada. Pero dado que las jerarquías no existen y solamente se trata de buscar un moderador con experiencia, tampoco es necesario realizar cambios electorales frecuentes.

Algunos brujos y brujas prefieren trabajar en solitario y por ello se les considera como personas sabias, siendo ésta también una opción muy extendida.

Seres supremos

El poder único se divide entre los principios masculino y femenino. La figura masculina más conocida es el dios con cuernos, el carnero o macho cabrío, posiblemente una deformación del dios Pan o el dios de la Naturaleza antiguo. A este poder se le conoce también como Osiris y Cernunnos, este último bastante desconocido y que también se le menciona como el Antiguo o el de los Cuernos.

En cuanto a la figura femenina se la conoce como Diana, Selene, Cibeles, Artemisa, Isis o Hécate, aunque ahora parece que se unifica bajo el nombre sencillo de Gran Madre o Señora. No es ciertamente un equivalente a la Virgen María de los cristianos, ni tampoco es Santa Brígida o cualquier otra santa.

Símbolos

Al igual que en cualquier religión, los símbolos son parte esencial de la magia, pues representan el camino para comunicarse con los dioses o, incluso, a los mismos dioses. La imagen de Dios está representada casi siempre con cuernos, bien sea como un sol o como una cabra o macho cabrío. No suelen emplear la palabra dios para definir al Creador y prefieren hablar del poder del universo, el que mueve la Luna, la Tierra y controla la Naturaleza. Los símbolos en la brujería son el lazo de conexión, del mismo modo que lo son las imágenes en las religiones, y permiten unir el microcosmos, que forma la bruja, con el macrocosmos, en el cual estamos todos integrados. Es como si existiera un canal entre uno y otro, el cual puede ser abierto mediante sencillos pero precisos rituales o palabras. Su teoría se aproxima mucho al espiritismo, pues están seguros que junto con nuestro mundo visible existe otro paralelo, e invisible, y que ambos están controlados por el poder del dios.

• El **círculo** en el cual trabajan habitualmente representa a la misma Naturaleza, en donde no existe principio ni final, pues todo es una rueda en la cual giramos sin que nada ni nadie esté arriba o abajo. El círculo permite a la bruja hacer de intermediaria entre los dos mundos, tanto si está dentro como si prefiere trabajar fuera. La facilidad que ella tiene para establecer esta conexión en realidad la tenemos todos los seres humanos, pues nuestra alma y nuestro espíritu forman un todo indivisible como seres vivientes, aunque no lo percibimos con la misma claridad que las personas que dedican su vida a ello. Trabajar dentro del círculo, al fin, supone lograr un mejor aislamiento y concentración, pues todo el poder se manifestará con mayor rapidez y precisión. Además, estar dentro del círculo permite a la bruja o mago estar a cubierto de las fuerzas negativas y desde allí se pueden ejecutar incluso maldiciones y conjuros sobre personas maléficas, pues la energía es muy alta y no resulta interferida.

• Otro símbolo utilizado frecuentemente, y que puede tener reminiscencias de magos antiguos, es el **cono**, la misma forma que tenían los sombreros de esos maestros legendarios, entre ellos Merlín. Frecuentemente emplean el cono cuando están dentro del círculo mágico, pero suelen elevarlo al cielo o mostrarlo a los creyentes, tal como hacen las religiones con sus símbolos más sagrados. El cono también es la abundancia, la seguridad, la protección y la felicidad, y con él pedimos oraciones, salud y energía.

- El **aquelarre** es una reunión nocturna de brujos y brujas, con la intervención del demonio ordinariamente en figura de macho cabrío, aunque es más frecuente en las tradiciones de la magia negra.

- Otras reuniones festivas tienen lugar en fechas concretas, y entre ellas tenemos la **Fiesta de las brujas** o Samhain, que se celebra el 31 de octubre y en ella se habla de la muerte física y nuestra conexión con el mundo invisible que nos espera.

- El **Yule** tiene lugar entre el 20 y 23 de diciembre, coincidiendo con la noche más corta del año, y podría ser el equivalente con la Navidad cristiana, empleándose también velas rojas y árboles para conmemorar la fecha.

- La **Fiesta de la Luz Creciente** se efectúa el 2 de febrero y nos habla ya del despertar de la Naturaleza, con el anuncio de una primavera temprana.

- **Halloween** es la fiesta más popular y se celebra el 31 de octubre, un día antes de la conmemoración de Todos los Santos. La idea original era encender hogueras y hacer bailes para alejar a los malos espíritus del lugar, pues las gentes creían que en esta fecha las almas de los muertos visitaban sus antiguos hogares, algo que podría traer malas consecuencias si se había tratado mal a los difuntos. También se aprovechaba para que los adivinos efectuaran sus predicciones sobre la salud, dinero y amor, y los magos podían incluso contactar con el demonio para casos en los que se necesitara un serio castigo para alguien.

El símbolo característico de esta fiesta, sumamente popular en Norteamérica, es una calabaza hueca dentro de la cual se coloca una linterna o una vela. La luz sale por unos cortes que simulan los ojos y la boca, y los niños aprovechan para pedir regalos entre la vecindad.

- Los **Esbats** son otras fiestas de menor importancia y se celebran coincidiendo con las fases de la Luna, aunque se escoge preferentemente con la Luna llena. El lugar es ahora en el exterior y allí se dibuja un círculo mágico de unos 2,5 metros de diámetro, aunque puede aumentarse si el número de participantes así lo requiere. En esta ocasión todos los participantes tienen que estar dentro del círculo, sentados o en pie, pues junto con la danza se logra una mayor energía.

- El **pentagrama** es una estrella de cinco puntas insertada dentro de un círculo, dentro del cual está dibujado un ser humano desnudo, pudiendo ser hembra o varón. Las cinco puntas representan los elementos esenciales de la vida —tierra, aire, agua, fuego y mente— y es frecuente ver a las brujas con estos grabados como parte de medallones o hebillas. El metal empleado es la plata, aunque también podemos ver numerosas incrustaciones de piedras de colores que, según afirman, les proporcionan protección y fortaleza.

Objetos

Además del cono o sombrero que ya hemos mencionado antes, los actos de brujería emplean una gran cantidad de elementos para sus rituales, entre ellos:

El **incienso** es parte de la tradición religiosa y por tanto incorporado a la brujería. Sus aromas son suaves pero penetrantes y se dice que pueden elevar la mente de los participantes a mundos superiores.

El **pastel** es un dulce que representa a la madre Naturaleza y a la tierra que nos proporciona alimentos, por lo que supone un alimento que se comparte entre todos, tal como se comparte la eucaristía cristiana. No contiene ningún ingrediente especial, aunque el arándano suele estar casi siempre presente, así como algunas hojas de muérdago.

También es habitual encontrar pequeñas porciones de **sal** y **agua**, en ocasiones vino, así como la inevitable **hoguera** para danzar a su alrededor y las **velas** que portan los participantes.

El tradicional **caldero** no ha desaparecido, como tampoco la **escoba**, pues en el primero se preparan sabrosas comidas aromatizadas con hierbas que servirán para continuar la fiesta hasta la madrugada. La escoba es un elemento simbólico para asegurar que la bruja es capaz de comunicarse con el cielo y el mundo de los espíritus, mediante un vuelo astral en la oscuridad de la noche. También es empleada como signo de fertilidad y para recordarnos la presencia de la Naturaleza.

La **ropa** puede ser la tradicional túnica, aunque se admite acudir vestidos con ropa normal de calle e incluso se permite que los más espirituales bailen desnudos. Esto se hace para lograr que las buenas vibraciones envuelvan al participante, pues la ropa puede impedir que el efecto sea el buscado.

Las brujas como médiums

El significado de médium es «mediador», en este caso como un canal de enlace entre los mundos invisible y visible, etéreo y corporal. Habitualmente no son necesarios, pero en los comienzos podemos considerarlos al menos como personas expertas que nos pueden facilitar los primeros contactos.

Solemos considerar médiums a los sacerdotes, pues se supone que tienen más facilidad para hablar con Dios, lo mismo que a los sanadores, pues seguramente sus poderes curativos provienen de alguien poderoso. Los profetas también entran en esta clasificación al referirse a ellos como aquellas personas que transmiten con su boca y escritos los designios y las advertencias divinas. Del mismo modo, los chamanes y brujos pudieran ser mediadores, en este caso de los demonios.

Los científicos se han preocupado mucho de advertirnos que estas personas son falsas y que todo es un engaño, y aunque ninguno de nosotros haya sido testigo de estas acciones para desenmascararles, lo cierto es que el cine y los montajes televisivos lo han efectuado con abundancia. Lo que esas «pruebas» nos dicen es que un médium emplea las sombras, las luces y los sonidos colocados adecuadamente para hacer creer a los asistentes a una sesión de espiritismo que ciertamente un espíritu se acaba de materializar.

Curiosamente ninguno de nosotros, ni aquellas personas que han acudido a una de estas sesiones, ha podido sospechar nunca que todo es un truco bien elaborado, pero algunos científicos quieren demostrarnos, sin acudir a ellas, que los farsantes son todos, sin excepción.

Posiblemente en alguna ocasión hayan existido farsantes que han realizado algún montaje con luces y sonidos fantasmagóricos y que hayan sido desenmascarados en ese momento. Pero los científicos, tan escrupulosos ellos con las estadísticas, han hecho de la anécdota la norma y desde entonces siempre nos dicen que las sesiones de espiritismo están manipuladas. Por decirlo de otro modo: a quienes creemos en la otra vida nos exigen, no una prueba sino cientos, para excluir la casualidad, pero cuando ellos descubren un fraude, uno solo, lo convierten ya en dogma.

En la actualidad afortunadamente un nutrido grupo de buenos científicos, de esos empeñados en conocer lo que nadie les ha enseñado, más que en perseguir a los farsantes, han investigado seriamente la mayoría de los fenómenos de espiritismo e incluso algunos consiguieron plasmar fotográficamente las apariciones y grabar los sonidos.

Existe una prueba que todos ustedes pueden realizar en su propio domicilio, especialmente en aquellos en los cuales se haya muerto alguna persona, y es dejar un magnetofón grabando durante toda la noche. A la mañana siguiente escuchen detenidamente la cinta y, una vez excluidos los ruidos propios de las grandes ciudades, oirán con seguridad voces o sonidos que, al menos, no le resultarán familiares.

Hoy en día le recomendaríamos acudir sin miedo a una sesión de espiritismo encauzada por un médium de prestigio, pues la experiencia le quedará imborrable en su mente para toda la vida. Por supuesto no acuda si lo que pretende es descubrir un fallo, pues sería lo mismo que acudir al médico desconfiando de sus habilidades. En ambos casos, el ambiente estará tan enrarecido que nada podrá salir bien. Es igual que si usted acude a una reunión de vecinos con el ánimo alterado y predispuesto a discutir con quien sea; con toda seguridad discutirá ampliamente.

Lo curioso del espiritismo es que todos los practicantes realizan los mismos rituales y emplean palabras similares, aun cuando no se conozcan ni hayan leído el «Manual del perfecto espiritista», si es que alguna vez lo hubo. Eso podría interpretarse con la teoría de los universos paralelos o la transmisión del pensamiento, aunque en este caso prefiero referirme solamente a la intuición que nos hace realizar algo sin haberlo aprendido previamente.

En resumen, *si usted cree en la posibilidad de poder contactar con un espíritu logrará contactar con él, pero si está escéptico solamente perderá el tiempo y el dinero.* Es como si usted está enfermo y no quiere curarse, posiblemente para seguir atrayendo la atención hacia usted, ya que lo más probable es que no se cure ni aunque el tratamiento sea correcto.

Salem, Massachusetts

Las brujas de Salem

Los acontecimientos que realmente llevaron a la popularización de este lugar ocurrieron en lo que es ahora el pueblo de Danvers, por entonces una parroquia de Salem, conocida como

Pueblo de Salem. La histeria comenzó con la extraña conducta, aparentemente inexplicable, de dos muchachas jóvenes, Betty y Abigail Williams, hija y sobrina del reverendo Samuel Parris.

En febrero de 1692, tres mujeres acusadas de pactar con el diablo fueron interrogadas por los magistrados Jonathan Corwin y John Hathorne. La casa de Corwin, conocida como *la Casa de la Bruja, está situada en la esquina norte de la calle Essex en Salem y ahora es objeto de recorrido turístico en cualquier guía del lugar,* proporcionándose al viajero toda clase de cuentos sobre la brujería.

Cuando la histeria hubo pasado, veinticuatro personas habían muerto. Diecinueve fueron ahorcadas en el patíbulo de la colina Salem, mientras que el resto murieron en prisión. Giles Corey fue declarado inicialmente inocente de los cargos de brujería, pero seguidamente se negó a someterse a las incruentas pruebas físicas, pues en ellas podría morir igualmente. Esta negativa significaba que, aunque no podría declarársele culpable legalmente, sus examinadores podrían interrogarle nuevamente mediante el siguiente «detector de mentiras». Le sujetaron varios pesos en sus tobillos y le colgaron de los brazos. Si lograba sobrevivir dos días seguidos a esta tortura brutal, significaba que era inocente. Aunque ningún preso logró salir vivo de esta prueba, los jueces recibieron aplausos de los ciudadanos, pues ello probaba que todos los acusados eran culpables, con o sin pruebas.

Salem hoy

En estos momentos hay todavía 552 documentos originales importantes que hablan sobre la brujería y que se conservan en el Museo Peabody Essex.

Unos escritos aún más clarificadores sobre las brujas de Salem se publicaron con ocasión del tercer centenario conmemorativo de estos hechos, que se celebró en 1992 y que pueden encontrarse en la Carta Constitucional.

Por supuesto, Salem es conocida hoy como la Ciudad de las Brujas. Allí están el Museo Salem de las Brujas y el Museo Calabozo de las Brujas, ambos tratando de reflejar lo mejor posible la historia de 1692, aunque no hay ningún dato que nos revele el gran número de brujas modernas que viven hoy en Salem.

Existen allí varios lugares en donde las personas pueden aprender todo sobre la brujería, siendo un lugar muy recomendado por todas las agrupaciones de magia negra del mundo. La meta es promover la tolerancia religiosa y la participación en una sociedad positiva que anime al crecimiento y la aceptación de todas sus personas.

Varios grupos de Salem han sido muy activos en los recientes años, educando a las personas sobre la brujería, entre ellos:

W.E.B., o Escuela para la Educación de Brujas, que está encabezada por Ms. Lilith McLelland de Salem. También tiene una rama en el área de Nueva York y Filadelfia. Si usted está interesado sobre esta escuela o desea poner una sucursal en su ciudad, podrá hacerlo dirigiéndose a W.E.B., P.O. Caja 872, Salem, MA 01970.

P.R.A.N.C.E., el Recurso Pagano, es una asociación encabezada por las Brujas de Salem, Tony y Marie Guerriero, y comenzó a funcionar en septiembre de 1997. Para más información, puede escribir a P.R.A.N.C.E., c/o Salem Bruja Town, 282 Mushroom Back Street, Salem, MA 01970, o llamando al Salem Bruja Town al 978-740-9229.

P.R.A.N.C.E. ha sido el instrumental en la reconstrucción del Salem Bruja Town, mientras que W.E.B. ha sido públicamente muy activo (junto con los miembros de P.R.A.N.C.E.), albergando allí a las «brujas» que llegan de todo el mundo. La Tienda de la Hospitalidad es un popular certamen que se celebra todos los años en Salem, al que acuden cientos de turistas que son testigos de numerosos actos de magia.

P.R.A.N.C.E. continúa siendo activo en la comunidad y está a favor de potenciar tanto los albergues para brujas foráneas como los certámenes. Cuentan con numerosas empresas que les apoyan, entre ellas H.A.W.C., una asociación de caridad, y Kamco, Inc., dedicada a suministrar materiales industriales. P.R.A.N.C.E. también participó en la Celebración Universal Especial con el reverendo Gail Seavey, de la Iglesia Universal de Salem.

P.R.A.N.C.E. ha celebrado su último gran acontecimiento en 1999 y, para más información, se puede llamar al 978-740-9229. El dinero recaudado se dona a entidades de caridad como H.A.W.C. (casa para niños y mujeres maltratadas), Albergue para Animales Abandonados, la Mesa de Mi Hermano y La Despensa de la Iglesia Universal.

La caza de brujas como un fenómeno del cambio de cultura

Las creencias en la brujería y las consecuencias e interacción social que acompañan han generado interés dentro de las ciencias sociales, particularmente en los campos de la antropología y la historia. Los primeros están normalmente interesados con el estudio de las creencias de las brujas actuales en las culturas no occidentales, considerando que los últimos datos proceden casi exclusivamente de la caza de brujas del pasado y los movimientos de persecución en Europa y América. Recientemente se han hecho esfuerzos para descubrir la dinámica social de las creencias de la brujería, pero casi siempre ha sido para efectuar denuncias legales y para clasificarlas como sectas perniciosas. No es raro, por tanto, que el fenómeno de la brujería esté en franco declive y que existan dificultades para hablar con pleno conocimiento de causa sobre las brujas.

Seis problemas son particularmente notables:

1. Las conclusiones sobre las creencias de la brujería y las imputaciones observadas por etnólogos en grupos

locales pequeños durante periodos relativamente cortos de tiempo, no suponen la generalidad, pues se han efectuado en Europa durante los siglos XVI y XVIII, en Tudor y Stuart (Inglaterra), mientras que en los Estados Unidos se analizaron los años 1950.

2. Los grupos que se comparan —por ejemplo, una tribu africana moderna y un pueblo europeo medieval— generalmente se separan ampliamente en términos de organización política, económica, social y desarrollo cultural.

3. Aparecen unas diferencias fundamentales entre las brujas occidentales y las demás. Esencialmente se perciben en cuanto a la caza de brujas y la filosofía de entonces, cambiando el significado de la palabra «absolutismo» por «relativismo». Mientras que el absolutismo es una forma de gobierno, el relativismo es una doctrina que analiza la verdad de los fenómenos. Finalmente, y más importante, generalmente las imputaciones de brujería descritas por los antropólogos son diferentes de las discutidas por los historiadores.

4. Hay historiadores que han indicado la diferencia entre lo que podría llamarse «diario» y «conflicto social» en estos asuntos: las imputaciones diarias son normalmente privadas e interpersonales, y mencionan los infortunios personales y las relaciones. Las imputaciones del conflicto social, en contraste, involucran la discordia en general e incluyen a la mayoría, si no a todos, de los miembros del grupo social.

5. La bruja occidental entra en la última categoría, y las situaciones cubiertas por la mayoría de los estudios etnológicos, con una excepción, pertenecen al anterior. La excepción es el trabajo que relaciona a los movimientos que se oponen a la brujería y la hechicería en África, pues, aunque retienen algunas de las limitaciones expresadas antes, al hablar de los con-

flictos sociales es más comparable a la caza de brujas
occidental. Está claro, entonces, que para integrar el
trabajo antropológico con el histórico y clarificar la
dinámica y el proceso de la caza de brujas, es necesario buscar otros acontecimientos sobre el mismo
asunto.

Un examen del entorno sociocultural que rodeaba a la
bruja, así como su persecución, revelan que estos
movimientos ocurren en tiempos de cambios sociales
y luchas obreras. Es como si los gobiernos necesitasen
aplacar a las masas mediante el encarcelamiento y
muerte de inocentes.

6. La pregunta debe realizarse por consiguiente acerca de
*si hay una relación entre la caza de brujas y el cam-
bio social.* Este razonamiento nos lleva a que el fenómeno de su persecución, y no el de la magia que practicaban, sucedió solamente en años de cambio cultural
y social muy intensos.

Estas disputas se pueden desarrollar en cuatro seccio-
nes: primera, una descripción y discusión de la teoría
de la revitalización, un modelo de cambio de cultura
que es atractivo porque lo analiza en el ámbito personal y colectivo y porque trata el conflicto social.
Segunda, una comparación del movimiento antibruja
y los movimientos de revitalización que hacen pensar
en el papel de la caza de brujas en este cambio de cultura. Tercera, el tipo de proceso jurídico y policial que
se efectuó. Y finalmente, una ilustración del modelo
histórico y ejemplos etnológicos y las cronologías.

A lo largo de esta presentación la caza de brujas es considerada como un movimiento persecutorio típico, aunque las excu-
sas reales fueran otras y se confunde la terminología empleada
entonces. Es posible, sin embargo, que el modelo empleado contra las brujas fuera similar a otras persecuciones y que hubiera
movimientos ciudadanos que ayudaran a las capturas.

El cambio en la cultura

Se ha sugerido que puede ser instructivo relacionar las prácticas de magia efectuadas en África con las prácticas de brujería ocultas en el mundo. Por ello se ha comparado las cazas de brujas y los movimientos de revitalización como un fenómeno mundial que coincidió con el cambio social. Estos asuntos tienen orígenes similares en la medida en que ambos son innovadores y provocan distorsión cultural. La diferencia fundamental está en la naturaleza de estos esfuerzos y sus resultados: los momentos de confusión social más radicales cambian a menudo a los individuos y les obliga a intentar sobrevivir y drásticamente a cambiar de cultura. Esto, no obstante, les convierte en individuos poderosos y las organizaciones deben buscar nuevas fórmulas para mantener el orden y la cordura entre las gentes.

Los movimientos antibrujas tienen una tendencia cíclica y están totalmente arraigados en la paranoia cultural de los pueblos, pues después de los acontecimientos, frecuentemente sangrientos, hay una nueva orientación del comportamiento y el deseo de que no se vuelvan a repetir. Pero, no nos olvidemos, antes de eso se ha efectuado una campaña de eliminación y purificación en los individuos más inocentes y solitarios. *Estos ataques hacia personas que son diferentes constituyen un estigma que tiene la Humanidad y del cual nadie está libre*, y en el caso de las brujas sólo tiene éxito si se levanta mucho polvo, se efectúan alteraciones del orden público y se consigue expulsar o matar a quien sea en ese momento la cabeza de turco. La caza de brujas es más atractiva aún si se roban las posesiones de la infortunada y se le demoniza hasta el punto de considerarle una amenaza social a exterminar. Una vez eliminado ese demonio, tiene que aparecer rápidamente una autoridad o un misionero, pues las masas no funcionan bien si no hay un líder que les conduzca.

Acciones y motivos

Se ha defendido que la caza de brujas se realiza por motivos morales y políticos conservadores, pero cuando vemos a toda clase de personas trabajando en su caza y captura, nos damos cuenta que no es cierto. Precisamente son las clases sociales más radicales y extremistas las que más virulencia muestran en este exterminio, mientras que los conservadores tratan, al menos, de no ser inhumanos. El problema subsecuente es que una vez arrasados los demonios culpables deberían desaparecer todos los males, pero los perseguidores más radicales también quieren hacerse con todo o parte del poder, y pronto surge una nueva persecución, ahora contra quienes trataron de mantener la calma y que no se violaran los derechos humanos de nadie.

Para que exista un cambio social no se necesitan brujas, obviamente, y basta con encontrar un causante de nuestras miserias. Los nacionalistas echan la culpa al gobierno central, pero cuando consiguen la independencia funcionan mucho peor que antes y las revueltas son más dramáticas. Los presidentes y reyes caen con gran facilidad, lo mismo que se rompen relaciones diplomáticas con los países vecinos. Lo importante, al menos en ese momento, es encontrar un culpable-inocente, curiosa contradicción que se prodiga más de lo que creemos.

A la vista de estos hechos, no nos debe extrañar que efectuar una caza de brujas, reales o políticas, sea un remedio fácil para muchos gobiernos, con el aliciente añadido de que el enemigo es tan inofensivo que su exterminio no ofrece peligro. Si creen que esto es cosa del pasado, les recomiendo que lean la historia de los últimos diez años y verán cuántas cazas de brujas se han efectuado en todos los países del mundo, aunque naturalmente no se ha empleado la palabra bruja. Antes eran los homosexuales, los judíos y los comunistas los que sufrían estas persecuciones, pero ahora lo son los banqueros, los inmigrantes ilegales y los que profesan religiones no estatales, denominadas como sectas.

Efectos y eficacia

Las cazas de brujas nunca proporcionan este alivio social que se pretende y, en cambio, aumentan la desorganización y fatigan a las gentes, tardándose mucho en perpetuar la buscada regeneración positiva. Cualquier caza de brujas es inadaptada, funciona mal y se vuelve contra uno mismo, y cuando finaliza, además de los ríos de sangre que ha ocasionado, existe la amenaza de la caída del gobierno y hay serias dificultades para mantener la estructura del poder. En los países involucrados, cambia la cultura y sus relaciones interiores, y exacerba la distorsión y la necesidad de catalogar a las víctimas. Finalmente, el país se empobrece y pronto recibe la repulsa del resto del mundo y frecuentemente de aquellos que en un principio alentaron estas masacres.

Se piensa que hay un modelo establecido para los procesos de caza de brujas, pero todos tienen el mismo efecto, que no es otro que la aniquilación incruenta de los «enemigos». *El objetivo es presentar a la población los hechos que van a motivar la respuesta de la autoridad, pero exagerando sus defectos,* hasta tal punto que cualquier beneficio que en la práctica de la brujería pudiera ser demostrado se convierte en un problema.

Por ejemplo: si las brujas absorben una gran cantidad de información confidencial de sus clientes y tratan de darles consejos para solucionar sus problemas, se dice que están contribuyendo a crear la hostilidad entre las personas. Es como si por el hecho de existir juzgados que tramitan los divorcios se dijera que están promocionando las separaciones al darles facilidades. Las fases desde las que se comienza a mentalizar al ciudadano sobre la necesidad de actuar para erradicar ese mal no son discretas y ni siquiera diferentes a otras formas de exterminio, necesitándose una gran publicidad sobre las actuaciones policiales que inmediatamente se van a originar. Es como cuando el malo de una película está, por fin, delante del implacable sheriff, y los espectadores están ya deseosos de que le mate cuanto antes. Supone, pues, una muerte anhelada intensamente.

El modelo a emplear por los gobiernos tiene un orden y consiste en cuatro periodos:

1. Mostrar al ciudadano la desorganización cultural y social que este fenómeno está ocasionando.
2. La reorientación, o sea, se le explica la necesidad que tiene la población de no hacer caso a esta superchería.
3. El desarrollo del concepto de «demonio», pues hay que eliminar cualquier posibilidad de utilidad.
4. Encontrar y capturar a los culpables, incluso a los simpatizantes.
5. El declive de la operación, en el cual las gentes se dan cuenta de que todo sigue igual que antes.

Desorganización cultural

Esta fase corresponde a los periodos de gran tensión individual aumentada por las noticias en la prensa y la distorsión que se realiza sobre el tema. La distorsión sociocultural puede efectuarse y aumentarse mediante la combinación de varios factores. Primero se trata de dividir a la oposición y en este caso sabemos que antiguamente se culpaba a las brujas de los cambios ecológicos (climático, floral e incluso de la fauna), los cataclismos naturales (epidemias, hambre, tormentas catastróficas, diluvios y terremotos), las guerras y especialmente los conflictos internos. En realidad estos últimos estaban causados por problemas económicos, políticos e intelectuales, pero nadie quería asumir su culpa, pues supondría la ruina y en ocasiones la cárcel.

A lo largo de la historia, y una vez que nos hemos dado cuenta de la gran cantidad de cazas de brujas que han existido y siguen existiendo, nos damos cuenta que la población entera se siente aliviada cuando esto ocurre, pues hace que las personas crean que sus fracasos no son debidos a cualquier falta propia, sino a las maquinaciones de otros. También contribuye a que indirectamente, o a través de la participación directa, se pueda manifestar la hostilidad, la cólera, el deseo de agredir y la desorganización.

Reorientación

Hay que hablar preferentemente de desorganización cultural, pues como eso afecta especialmente a la juventud todo el mundo considera imprescindible protegerles. Después se habla del ambiente negativo de la brujería, de la pérdida de los valores tradicionales y del conflicto social que estas prácticas están ocasionando. Poco importa si son dos o quinientas brujas, pues según dicen su maleficio puede abarcar a millones de personas. Admiten que son un fraude, pero no tienen dudas de su influencia negativa. *Es como decir que una planta medicinal no sirve para nada, para luego prohibir su venta por perjudicial.*

Los movimientos de persecución son planes que intentan purgar de la sociedad a todo aquello que suponga una causa de infortunio y desintegración. La percepción sobre si el grupo de referencia constituye una amenaza real o no, se hace mayormente por motivos supersticiosos y mediante argumentos estereotipados que se amplifican convenientemente mediante arengas políticas. Una vez que se aceptan las premisas básicas sobre lo peligroso de una ideología, se elaboran nuevas matizaciones en la imaginación de sus perseguidores y se articula un nuevo vocabulario para definir a los culpables. El resultado es que nadie puede aportar ningún matiz que les exculpe, pues corre el peligro de que le acusen de proteger a los enemigos del país.

El demonio

Mientras exista un demonio a quien echar la culpa de nuestros males, los errores se pueden perpetuar y no tendremos necesidad de ser nosotros mismos quienes corrijamos el mal. El demonio en este caso es válido hasta para los ateos, y lo único que hay que cambiar es el nombre, en este caso brujas. Mientras se las pueda culpar de todo, la atención de los ciudadanos estará dirigida a cualquier sitio menos al gobierno, frecuentemente el único culpable.

El desarrollo de la demonofobia prende más fácilmente en las personas conservadoras, pues aquí los cambios no son generalmente bien aceptados. Cualquier alteración del ambiente social, la cultura y hasta del lenguaje, debe ser causada por alguien, único culpable del infortunio en general. Este proceso también trabaja con víctimas potenciales y frecuentemente se menciona a los niños, los adolescentes y los ignorantes, aunque todos saben que no son clientes habituales de las brujas. Los acusados terminan por aceptar su culpa y pueden confesar su deseo de no reincidir en tales prácticas, admitiendo así que eran culpables de delitos contra las personas. Cuando esto ocurre, el prestigio de los jueces aumenta considerablemente.

La caza

El desarrollo de una caza de brujas debe ser contundente, rápido y frecuentemente violento. Hay que dar un escarmiento a las brujas, a sus clientes y también a los simpatizantes. Recuerden las actuaciones policiales en Estados Unidos y Europa contra diferentes sectas populares, entre ellas la Cienciología, y verán que nada ha cambiado con el paso de los siglos.

En estos casos, como ocurrió durante la persecución comunista norteamericana dirigida por el senador McCarthy, incluso las personas fieles y honradas ven en peligro su posición social y puesto de trabajo si no ayudan a detener a estos peligrosos elementos sociales. Cualquier apoyo a las brujas, incluso pidiendo que se aporten pruebas y no baste con una denuncia particular, supone una pérdida del prestigio y la posibilidad de ser acusado de encubridor.

Las brujas reemplazaron en su momento a los judíos en la categoría de personas no deseables para muchos gobiernos, no porque ciertamente ocasionaran problemas a la comunidad, sino exclusivamente porque eran fáciles de perseguir. El problema aumentaba, pues cualquier ciudadano podía ser incluido en este grupo y ser acusado. En este proceso inhumano se tiende a culpar a los gobernantes y jueces, y con frecuencia a la Iglesia, pero *ningún gobernante ha llevado a cabo una política de persecución, expulsión y encarcelamiento, sin la cooperación de la sociedad.* Por ello hay que asegurar que la responsabilidad para cualquier persecución descansa principalmente en el conjunto de la comunidad o barrio, no en el juez o jurado.

El declive

Los grupos amenazados se refugian entonces en su mutismo, y si consiguen que no se les involucre guardan el rencor contra aquellos que han estado a punto de arruinarles la vida. Una vez se ha acabado el proceso, que puede durar varios años, las personas más afectadas empiezan a salir a la luz y pronto reciben la solidaridad de muchas personas que antes habían evitado tomar partido por nada ni por nadie. Es el grupo denominado «mayoría silenciosa» y que ahora desea manifestar su opinión.

Pronto, y con mayor celeridad que se efectuó anteriormente la caza de brujas, salen las acusaciones de brutalidad y abuso de poder, y los mismos jueces que antes condenaron a las sufridas brujas tienen que encarcelar ahora a sus verdugos.

Con el paso de los años, por incongruente que les pueda parecer, las brujas pueden llegar a tener gran reconocimiento social y ser llamadas a consultar incluso por los gobernantes. Así, mujeres, viejas en general, personas hostiles o antisociales y otros se vestirán con túnicas y pasarán a ser considerados como perseguidos inocentes por la justicia y a ser tratados como mártires de un sistema político dictatorial.

La caza de brujas en Europa

Aunque las cazas de brujas que tuvieron lugar a lo largo de Europa continental e Inglaterra ocurrieron principalmente durante los siglos XVI y XVIII, el proceso puede remontarse al siglo XII y llegar más allá del XIX. La bruja europea fue perseguida, pues, durante un espacio de tiempo sumamente amplio. Los primeros movimientos contra ellas se perciben claramente en el siglo XII, con el resurgimiento intelectual, y su punto álgido corresponde a finales del siglo XVII, con un declive muy brusco. Durante casi seiscientos años tuvieron lugar en Europa cambios socioculturales drásticos, incluso el declive del feudalismo como sistema social, político y económico. Coincidió igualmente con la disminución del poder de la Iglesia católica romana y de las autoridades seglares en general, y con el ascenso de los movimientos nacionalistas y las monarquías fuertes. También se desarrolló la clase media, el mercantilismo, el capitalismo y el crecimiento de las ciudades, sin olvidarnos del resurgir intelectual y artístico del Renacimiento. Igualmente, hubo plagas, problemas en Constantinopla, la amenaza de los turcos otomanos, la Reforma protestante y la Contrarreforma católica.

La historia de la caza de brujas en Europa es esencialmente una historia de la Iglesia católica romana, la institución cultural principalmente responsable para el desarrollo y aplicación del concepto de demonología asociado a la brujería. El estímulo inicial a estos ataques de la Iglesia era lo que podría llamarse como «explosión de la herejía» en el siglo XIX. Durante este tiempo se realizaron numerosos esfuerzos de reforma, como contestación al descontento existente en los escalones más bajos de la jerarquía eclesiástica por los abusos de la Iglesia.

Estos movimientos, con alguna excepción, generalmente tomaron forma mediante grupos de sacerdotes, uno de los cuales era los Waldenses, fundado por Peter Waldo en 1173, quien se dedicó a una vida de pobreza apostólica. Otro importante fue el Cathari (cátaros), una secta de Manichaean que se oponía a la filosofía entera y al sistema de fe de la cristiandad.

El dualismo del catarismo sostenía que el mundo fue creado por Satanás y por eso era inherentemente malo, y la meta del hombre era renunciar a este mundo material y unificarse en la muerte con Dios. A través del 1200, el catarismo se había convertido en una amenaza seria para la Iglesia, y obligó al Papa Inocencio III a organizar la Cruzada contra los albigenses (1207), tal como se les conocía en Francia. La cruzada era política y religiosa, pues se habían extendido hasta Bulgaria y amenazaban las creencias cristianas más sólidas. Finalmente, fueron exterminados por la Inquisición y el éxito estableció al Papa como el gobernante secular supremo en Europa.

MAGOS Y PRESTIDIGITADORES

El **ilusionismo**, también conocido como prestidigitación, es un arte escénico en el que el artista, mediante su habilidad, su ingenio, artefactos, luces y ayudantes, consigue hacer realidad fenómenos y sensaciones científicamente imposibles de conseguir. Hay quien insiste en que su origen es muy antiguo y está relacionado con la religión, los chamanes, el folclore y la superstición, mientras que los más entusiastas dicen que detrás de ello están las ciencias ocultas y los entes del más allá.

Pero poco a poco estos ilusionistas, mal llamados magos, prefieren separarse del esoterismo y organizan espectáculos generalizados, absolutamente permitidos, y cada uno con una entidad propia, siendo especialmente importantes durante el siglo XIX y principios del XX, tanto en teatros como en ferias ambulantes.

El **prestidigitador**, ilusionista o mago escénico, se mueve con gran habilidad en el escenario, especialmente con las manos y dedos, aunque ahora la mecánica, la holografía y los efectos especiales predominan ya sobre las artes manuales. Son característicos, aunque algo devaluados, los juegos con cartas (**cartomancia**) y con pañuelos, lo mismo que gozan de gran interés las habilidades mentales y memorísticas de los magos. Las posibilidades telepáticas de estos ilusionistas soportan cualquier explicación y ante sus trucos solamente podemos rendirnos a la evidencia y disfrutar con ellos.

También hay quien nos asombra moviendo o modificando objetos con su poder mental, incluso delante de las cámaras de televisión, mientras otros prefieren entusiasmarnos viendo cómo conducen un vehículo con los ojos tapados, todo certificado por un notario.

Más interesante, por las posibilidades médicas que otorga, es el **hipnotismo**, pues mediante miradas penetrantes, la vista en un objeto que gira o destella luces monótonas y la ayuda de sugestivas palabras, logra que una o varias personas, incluso elegidas al azar, entren en un estado de hipnosis. Esta práctica, ampliamente efectuada por médicos y psicólogos, lleva al sistema nervioso a un estado similar al sueño, aunque con los cinco sentidos alertas, lo que permite al hipnotizador poder efectuar órdenes concretas y preguntas claves. Lo cierto es que las personas hipnotizadas durante un acto teatral de magia realizan acciones en ocasiones cómicas, y con frecuencia increíbles para una persona consciente.

De suma importancia, por los especialistas que ya han pasado a la historia, es el **escapista**, que basa su espectáculo en la habilidad y la capacidad para escapar de cualquier cepo, atadura o envoltorio, en un tiempo récord, sin importar si ha sido sujetado por cuerdas, cadenas o camisas de fuerza que aparentemente lo mantenían inmovilizado. Estos espectáculos no siempre son ilusiones ópticas, pues con frecuencia son esencialmente habilidades personales del escapista, tan reales que parecen ir en contra de las leyes de la física.

Para dar mayor tensión y dramatismo a su espectáculo, suelen provocar situaciones límites, entre ellas un tiempo concreto para lograr salir del cepo, como cuando el mago está dentro de una gran tinaja de agua que le ahogará sin remedio en menos de cinco minutos. También les hemos visto colgados de los pies, suspendidos de un cable en llamas que irremediablemente se romperá en pocos minutos si no consigue liberarse de sus ataduras. Otros, por el contrario, buscando más espectacularidad gracias a la presencia de una cámara de cine o televisión, se tiran en un tonel dentro de una gran catarata, son enterrados en un ataúd y sepultados luego con toneladas de tierra, o les encierran en un pequeño cuarto al que prenden fuego por las cuatro esquinas. En todos ellos, la integridad física del ejecutante está en peligro, y aunque existen medios para sacarle vivo si falla en sus habilidades, no es el primero que acaba muerto en el empeño. En todos estos casos, la maestría de los ayudantes es imprescindible para que todo salga bien.

El **faquir** indudablemente es otro ilusionista, pues trata de mostrarnos la resistencia que tiene su cuerpo contra elementos que a cualquiera le provocarían dolor y heridas graves. Habitualmente se trata de un hombre (no se conocen apenas mujeres que lo hagan) religioso que hace voto de pobreza, aunque ahora muchos de ellos consiguen ganar con sus habilidades el suficiente dinero como para vivir de su espectáculo.

En realidad no hay magia ni truco en esta técnica, sino una habilidad muy parecida a la que muestran los expertos en artes marciales cuando efectúan pruebas similares o rompimientos de objetos duros. Con una adecuada concentración mental, la tensión correcta de grupos musculares específicos y la disposición minuciosa de las púas, espadas y cristales, logran que puedan hacer lo que en principio no es posible. Tras este espectáculo hay muchos años de práctica, por lo que la palabra truco no se puede emplear con ellos.

Su perfecto conocimiento de la anatomía, casi siempre adquirido de forma autodidacta, le permite hacer cosas que en sí mismas podría hacer cualquier persona, pues no es su cuerpo el que posee las cualidades especiales, sino su inteligencia y habilidad. Les hemos visto también tragar sables gigantescos, clavarse clavos a través de la piel, escupir fuego por su boca o apagar antorchas con sus manos o lengua. La técnica que emplean es perfecta, aunque no les libra de tener accidentes graves con frecuencia, pues en ocasiones basta un poco de aire o un movimiento imprevisto para que la habilidad se convierta en desastre.

Por último, aunque nadie los podría considerar como magos, están los **ventrílocuos**, unos especialistas en poner su voz en muñecos, animales e incluso cosas. La habilidad reside en lograr emitir las palabras o sonidos sin necesidad de mover los labios, o moverlos lo mínimo. Un muñeco al que se pueda mover con facilidad y un diálogo frecuentemente elaborado días antes, más una gran capacidad para improvisar y convertir los errores en un chiste, proporcionan el espectáculo.

Harry Houdini

Nació el 6 de abril de 1874 en el pequeño pueblo de Appleton, en el estado de Wisconsin, Estados Unidos. Su padre, el reverendo doctor Mayer Samuel Weiss, tenía en ese momento un sueldo anual de 750 dólares, aunque algunos de los ayudantes principales en la congregación pensaban que estaba demasiado viejo para defender su posición. Pronto lo cambiaron por alguien más joven, y una mañana ese hombre se encontró apartado del mundo, con un cabello totalmente gris por tantos años de servicio a los demás, con siete niños que alimentar, sin trabajo y sin medio alguno de apoyo. Tuvieron que dejar su residencia y se trasladaron a Milwaukee, Wisconsin, donde las penalidades y el hambre se volvieron algo cotidiano.

El 28 de octubre de 1883 fue la primera vez que Houdini apareció en público y se mostró como un contorsionista y trapecista, siendo anunciado, por el gerente Jack Hoeffler (después propietario de un circuito de teatros en el Medio Oeste de los Estados Unidos), como «Ehrich, el Príncipe del Aire».

Después trabajó en varias ocupaciones, como cerrajero, electricista, fotógrafo, sastre, etc., por lo que supondrían los años más duros y crueles de toda su vida, aunque fue precisamente en aquellos años cuando empezó a elaborar los trucos que luego le harían famoso.

Un día, cuando estaba trabajando como aprendiz de cerrajero cerca de la comisaría, fue arrestado por hacer sangrar por la nariz a un joven en una pelea trivial. Encarcelado, intentó abrir la celda con algunas llaves que llevaba encima, y en el esfuerzo forzó la cerradura y logró salir. No fue encarcelado de nuevo, pero ese suceso tan trivial, esa casualidad, cambió su vida entera.

Otro día el cerrajero estaba intentando abrir una cerradura durante la hora de la cena, pues su cliente lo necesitaba urgentemente, y cuando su apetito se hizo insoportable le pidió a Houdini que le trajera una sierra para cortarla y se fue a cenar. Cuando el ayudante intentó cortar el metal, puro acero, y después de romper varias hojas, Houdini empleó el mismo sistema que tanto éxito le dio en la comisaría. Por supuesto, tuvo éxito y ese método lo siguió perfeccionando durante el resto de su vida, insistiendo en su propaganda que no disponía de ninguna llave duplicada para efectuar su actuación.

En el año 1893 empezó a trabajar como actor e hizo el papel de un viejo en la obra titulada «Mi Tío». Durante el ensayo parecía incapaz de recordar una sola línea, y de hecho durante los ensayos no había conseguido decir más de cien palabras seguidas. No obstante esto, la obra se estrenó en un pueblo pequeño cerca de St. Louis, y por extraño que pudiera ser fue el único que supo su papel perfectamente.

En St. Louis desarrolló la base del método para realizar el escape del embalaje a causa de un accidente fortuito: el invierno era amargamente frío y no tenía dinero para comprar madera y hacer un fuego para calentar su cuarto. Pronto encontró una caja grande inservible delante de unos grandes almacenes y decidió llevársela a su casa como leña. Ciertamente era demasiado grande para llevarla a través de las calles, y si le veía la policía seguro que se lo impediría, por lo que concibió un método silencioso para llevársela, método que posteriormente emplearía por primera vez en su espectáculo de Essen Rhur, Alemania.

Después de ese estreno leyó en el periódico de la mañana, al día siguiente, que los empaquetadores le habían desafiado a que escapara de una de sus cajas de embalaje, previamente clavada y expuesta al público. Sus pensamientos volaron atrás, al año anterior cuando había cogido esa caja como leña para calentar su cuarto, y determinó que aceptaría el desafío y podría escapar usando el mismo método que empleó para conseguir llevarse la caja hasta su domicilio sin ser visto.

Fue todo un éxito y en 1895 fue contratado por el Circo de los Hermanos Galeses, en viaje por Pensilvania, y aunque el sueldo era pequeño el ambiente y el trabajo fueron altamente gratificantes, no faltándole nunca ropa y comida en abundancia. En esos años ya estaba casado y las cuatro libras que le pagaban semanalmente le cubrían sus gastos, aunque su trabajo no era dentro del circo, sino afuera, pues debería atraer a las personas que pasaban por allí. Ambos esposos perfeccionaron así su número y ella consiguió un pequeño trabajo como payaso cantante, pasando luego a trabajar en el teatro Alhambra de Londres, en julio de 1900.

En 1897 Houdini apareció en el Territorio Indio de San Francisco y en Denver, Colorado, aunque también se tuvo que dedicar a vender medicinas en su repleto carruaje, aprovechando para exhibir sus números gratuitamente ante un público entusiasta.

En 1898 las cosas no fueron tan bien y tuvieron que dejar el negocio de las medicinas. Después de unas semanas abrió una escuela de magia para dar clases por las tardes y organizó también una gira por los museos públicos, hasta que empezó ya a ser denominado como Houdini, «El Rey de la Manilla».

Durante un trabajo en St. Paul, en una fiesta para empresarios, causó un especial interés en el señor Martin Beck, quien le desafió a que no podría escapar de sus cadenas y esposas policiales. Lo cierto es que escapó nuevamente y ese truco fue mostrado en un teatro de primera clase con total éxito. Su sueldo era ya de sesenta dólares a la semana por solamente quince minutos de magia, aunque poco a poco su espectáculo llenaba ya toda la función y empezaba a preparar su número del tonel vacío.

En 1903 trabajó en una estación de verano en Rusia y posteriormente en Gran Bretaña, lugar que había elegido ya para su retiro definitivo, aunque también pensaba en América. Houdini murió en Detroit en 1926.

DeKolta y Elmer Pelkin

Uno de los magos más inventivos y creativos que han vivido fue Bautier DeKolta. Entre los muchos efectos que inventó estaban los «Pájaros Enjaulados que Desaparecen», la «Señora que Desaparece» (método de la silla) y el famoso «Dado que se Ensancha». Este último ha sido el más polémico y mientras que otros muchos magos realizaron los otros dos trucos, nadie más realizó el Dado durante la vida de DeKolta. DeKolta estaba recorriendo los Estados Unidos en el momento de su muerte el 17 de octubre de 1903. Las noticias del periódico dijeron que se había llevado la mayoría de sus secretos a la tumba, incluso el «Dado que se Ensancha», aunque luego se comprobó que no era cierto. Según Milbourne Christopher, un distribuidor de artículos de magia inglés e igualmente mago, la esposa de Will Goldston adquirió el Dado y su manual a la viuda de DeKolta. La descripción detallada sobre este truco aparece en el primer libro cerrado con llave de Goldston, «Secretos Mágicos Exclusivos», y durante unos años ella realizó este truco en teatros ingleses bajo el nombre de La Devo, hasta que se lo vendió a Houdini.

A la muerte de Houdini todos los trucos pasaron a ser propiedad de su hermano Hardeen, pero en los años 40 no pudo permitirse el lujo de seguir guardando la inmensa colección de trucos de su hermano y se los vendió a un mago llamado Yadah, que trabajaba en el Magic Royal Studio de Brooklyn, Nueva York. Entre los artículos de Houdini que Yadah ofreció para la venta están el Tronco de la Metamorfosis, el Baúl para Escapar, varios candados, argollas y esposas, la Bolsa de Correo para Escapes y el Armario del Espíritu, un recuerdo de

cuando Houdini se despidió del público en el Teatro del Hipó-
dromo en Nueva York.

El hombre que compró el Dado era Elmer Pelkin, un pro-
fesional que viajó a los Estados Unidos para trabajar en el teatro, abrir una tienda de objetos de magia, dar conferencias y
protagonizar un espectáculo de variedades. Hay varias fotografías de Pelkin que le muestran estando de pie con el Dado
y el embalaje para su transporte, pero apenas consiguió alcanzar popularidad con ello. Lo más conocido es lo que Pelkin
hizo con ese dado, pues puso un anuncio para su venta en la
revista *Genii*. El anuncio fue visto por el coleccionista Milbourne Christopher, que llamó a Pelkin por teléfono y le compró el Dado, aunque en ese momento necesitaba una compleja
y costosa restauración. Una carta de aquella fecha escrita por
uno de sus hijos decía: «Papá lo extendió en el suelo e intentó
ensamblar y arreglar todas las partes (tubos de cobre y latón)
para poder usarlo de nuevo, pero no lo consiguió. Llamó a dos
amigos para que le ayudaran a dejarlo como estaba y después
tuvo que abandonar.»

Más allá de esa parte de la historia de Pelkin, como su
devoción perpetua al arte de la magia, es desconocida. Como
resultado de una entrevista larga con su hijo Lyle, la historia
de Pelkin puede contarse ahora.

Pelkin nació en Bahía Verde, Wisconsin, en 1891 y pronto
se enamoró del teatro y en particular de la magia. Cuando era
joven compraba o construía sus efectos mágicos, pero sus
padres, religiosos y conservadores, los quemaban rápidamente. Ellos detestaban el trabajo de los magos y lo consideraban como una asociación con el trabajo del Diablo. Esto
solamente provocó en el joven Pelkin un mayor interés hacia
la magia.

Uno de sus primeros trabajos fue en un espectáculo en el
Teatro Orfeo de Bahía Verde. Allí trabajó como tramoyista
para actores y posteriormente como técnico en iluminación y
manejando las cámaras de cine en las películas mudas, unos

aparatos que en esa época se debían mover a mano. Cuando las cámaras automatizadas se impusieron, decidió abandonar esa profesión y empezar a practicar con sus trucos de magia para la misma compañía de teatro, anunciándose como «El Hombre que se aleja de su sombra».

Entre otros efectos ofreció una levitación y serrar a una mujer por la mitad, así como una caja atravesada por espadas, la Mesa Flotante, una guillotina y un efecto llamado la «La Bolsa encantada de Omar». En este efecto Pelkin se ataba dentro de una bolsa de lona y dos ayudantes sostenían una tela grande delante de él. Su truco superaba al tradicional «Sustitución», donde el mago se ata en una bolsa, se mete en un baúl, lo cierra con llave y al instante aparece en su lugar un ayudante. La diferencia es que Pelkin terminaba siendo uno de los ayudantes que sostienen la tela y otro ayudante aparecía atado firmemente en la bolsa. También realizó las «Bolas de Billar que se Multiplican».

Además del Dado DeKolta, Pelkin también compró un baúl que fue usado por Houdini (o quizá Hardeen) durante varias giras por Alemania. El baúl estaba lleno de pegatinas de viaje y, por alguna razón desconocida, Pelkin decidió que no lo quería y lo quemó en el patio trasero de su casa.

Durante la Depresión viajó con su espectáculo de magia en un automóvil Ford T, que había convertido en una casa con ruedas para poder llevar a sus hijos. Durante su espectáculo no empleaba las palabras mágicas típicas de «Hocus Pocus (Abracadabra)» o «Presto», pero en cambio usaba un trabalenguas que recordaba haber oído decir cuando era pequeño. Cuando quería que la magia sucediera, decía: «Hokey Pokey, Wicky Wong, Kalamazoo, Kamoley Kong».

Cuando el espectáculo de variedades declinó, realizó varias conferencias escolares y animaba funciones teatrales en grupos religiosos. Tenía un agente en Indianápolis que durante los años 30 le consiguió trabajos en Illinois, Arkansas, Louisiana y en Texas. En este viaje trabajó en el gran teatro de San

Petersburgo, Florida. Por otra parte, también actuó en pueblos pequeños y aldeas, a los que llegaba por caminos horribles y a veces usando una barca para mover su equipo por el río hasta el próximo pueblo.

Durante la Segunda Guerra Mundial Pelkin realizó magia en actuaciones para los soldados en el frente, e interpretó algunas películas mudas que se mostraron en los alrededores de Indianápolis para las personas que deseaban seguir viendo las clásicas películas mudas después de la guerra. Tenía dos proyectores de películas mudas durante esa época, y llegó a proyectar «La cabaña del tío Tom» y «El nacimiento de una nación».

Pelkin murió en 1972 a los ochenta y un años de edad y en su entierro se interpretaron una selección de las melodías que más le gustaban.

David Copperfield

David Copperfield (David Seth Kotkin) nació en Nueva Jersey el 16 de septiembre de 1956 y empezó a trabajar como prestidigitador bajo el nombre de «El Muchacho Adivino», cuando tenía solamente doce años, en su pueblo natal de Metuchen. No tardó mucho en ser admitido por la SAM (Sociedad de Magos Americanos) como el mago más joven y, con apenas dieciséis años, empezó a enseñar magia en la Universidad de Nueva York.

Copperfield triunfó y ganó mucho dinero mientras estuvo en la universidad, especialmente con un musical llamado «El Hombre Mágico». Aquí fue cuando empleó por primera vez el nombre de David Copperfield. En esta obra cantó, bailó y creó todo lo necesario para dar el salto al exterior como mago, consiguiendo nuevos triunfos al poco tiempo en Chicago. Como resultado, logró realizar un espectáculo de magia para la cadena ABC llamado «La Magia de ABC», que le catapultó a la fama, enlazando luego con la CBS con el programa «La

Magia de David Copperfield», que continúa en la actualidad y en el cual le hemos visto atravesando la Gran Muralla China, mover la Estatua de la Libertad y volar entre el público. Lo que hace a David Copperfield tan especial es su destreza para engañarnos, para hacer que miremos a donde él quiere y para distanciarse tanto del resto de los magos que ellos nos parezcan aficionados.

Trucos de magia

Este tipo de magia no es un acto de magia real, y supone uno de los rituales más fáciles de realizar. El mago entra en la sala llevando un equipo blanco y las luces bajan un poco su intensidad. El público ve solamente al mago porque él o ella se visten con ropa blanca y todo está a oscuras. El actor ordena entonces que piensen en un objeto cualquiera y éste aparece ante todos flotando en el aire y luego finalmente desaparece. Personas, animales, flores, mesas, todo puede ser válido para que el mago lo haga aparecer, desaparecer o flotar a sus órdenes. Pero el actor puede ampliar el efecto serrando a una mujer por la mitad cuando ella está ante el público. Cada mitad de la chica realizará luego movimientos delante del público.

El secreto

Éste es un estilo de magia que todavía no ha sido abandonado en los momentos actuales y representa un truco que no necesita aparatos mecánicos y ni siquiera una complicada preparación.

La organización es la preocupación principal. La cortina de la parte de atrás, o el telón, es negro mate y el actor se viste con un equipo blanco que refleja mucho la luz. También debe llevar una máscara o tener su cara perfectamente maquillada para que no se le reconozca. Debe ponerse guantes negros en las manos, tratando que la luz solamente refleje su cara, lo que obliga a los espectadores a mirarle casi exclusivamente a su rostro. En la oscuridad, con iluminación adecuada en el rostro, todo lo que ocurre en la zona negra no es percibido por el público.

Durante los años 60 y 70 se emplearon carteles sensibles a la luz negra que brillaban intensamente con esa luz en la oscuridad del escenario. Para hacer aparecer algo, simplemente hay un ayudante vestido de negro en el escenario, oculto en las sombras, y el objeto que ellos llevan parece flotar y desplazarse. También se puede mostrar entre dos cortinas negras situadas al fondo.

La luz negra tiene unas propiedades interesantes, pues solamente ilumina las partes blancas y no ocasiona reflejos en el resto de los colores, mucho menos en el negro. Si el objeto es negro por un lado y sensible a esta luz por el otro, se puede llevar por el escenario y hacerle desaparecer después de darse una vuelta. Las personas, igualmente, pueden desaparecer y aparecer si se esconden detrás de una tela negra o una tabla pintada así.

También se puede agregar una luz estroboscópica para dar un efecto más asombroso, aunque no se recomienda abusar de este efecto, pues llega a molestar a los ojos del espectador. Este tipo de truco sólo está limitado por la creatividad, y la imaginación aportará notas insólitas.

Para hacer flotar a alguien, sitúe a dos personas auxiliares debajo de una tabla de contrachapado negra puesta encima de un cuarto oculto en el suelo. Entonces ponga a la persona que va a flotar sobre esa tabla negra y que los dos auxiliares vestidos de negro mate levanten la tabla. Si la luz negra ilumina correctamente, solamente se verá a esa persona flotando en el aire. Para darse cuenta de la efectividad de este truco tan sencillo, simplemente haga pruebas en su casa con luz negra y verá que todo lo que no sea blanco desaparece de su vista. Los ojos del espectador, además, se sienten atraídos como un imán por este tipo de luz.

Cuando se realizan estos trucos de luz negra no hay problemas para ver adecuadamente en el escenario, pues el mago está muy cerca de los objetos y personas, y siempre existe una tenue iluminación para moverse con soltura. Es el equivalente a la luz roja de los cuartos oscuros de los fotógrafos.

Lo importante es el dramatismo que se ponga ante el público y que se emplee una mujer guapa y con ropas atractivas (poca o suficiente) para atraer aún más su mirada. La música sombría no solamente creará un clima adecuado, sino que evitará que se perciba cualquier ruido que no sea el deseado.

El arte de moverse con luz negra siempre proporciona buenos resultados y constituye una de las formas más agradecidas de la magia. Si dispone de una cámara de vídeo le recomiendo que grabe los ensayos para darse cuenta de los posibles errores de iluminación y que sitúe a un amigo entre las sillas para que trate de descubrir a los ayudantes. Este amigo sabe dónde están situados y si, aun así, no es capaz de verlos nadie entre el público podrá hacerlo.

Ante las cámaras de televisión todo es aún más fácil de realizar, pues solamente enfocan aquello que el espectador deba ver y engañarles es tan fácil como trucar una fotografía.

Pero tenga cuidado

Cuide de regular el fuego que pueda restringir la cantidad de oscuridad. También puede tener problemas si trabaja en un club que dispone de un sistema de luz muy bajo o excesivamente alto entre el público.

Una manera de combatir la falta de entusiasmo del público es tener una baja iluminación que impida ver a las personas cercanas, pues así eliminamos la complicidad de las miradas. Este arreglo reforzará la invisibilidad del acto y obligará a que cada uno asuma su propio interés por el espectáculo. Sin embargo, esta ilusión, cuando se realiza en oscuridad total, tiene efectos que son verdaderamente tenebrosos.

El arte negro obliga a un trabajo intenso para el mago, pero este problema puede ser superado usando telones que escondan sus trucos. Las mejores ilusiones deberán reservarse para el final, especialmente aquellas que traten de objetos o personas que floten en el aire o desaparezcan y las veamos inmediatamente en otro lugar o saquemos objetos voluminosos. El acto puede acabar con el mago desapareciendo de escena bruscamente, o mejor lentamente, saliendo luego debajo de la tierra o simplemente flotando a lo lejos, fuera del escenario. Para desaparecer bajo tierra, hay que disponer de una tapa auxiliar y una pequeña cortina negra.

Sin embargo, tenga en cuenta que su espectáculo debe finalizar como si fuera una película y es mejor que tenga un desenlace previamente anunciado. Es como un cuento de hadas en el que la magia ha conseguido llamar la atención del niño, pero cuyo previsible final debe ser espectacular y reconfortante. Simplemente porque el acto se desarrolle en la oscuridad no hay razón para provocar miedo entre el público hasta el final. El alivio en sus caras debe estar ocasionado por el desenlace, no porque simplemente se enciendan las luces.

No tenga miedo de hablar con el público durante el espectáculo, así conseguirá que no se aburran y que tengan sus oídos en usted, no en el movimiento de sus aparatos tras las cortinas. El efecto de su voz se amplificará grandemente porque así se magnifica la magia y con ello impedirá que otras voces se escuchen entre las butacas. En la medida en que aumente su propia voz, así anulará las otras.

Necromancia

¿Qué es la necromancia?

Textualmente, se trata de un sistema para la adivinación de sucesos futuros o que ocurren en otro lugar, por medio de brujerías, magia negra o diabólica. También se denomina como nigromancia.

El hampa clerical que practicó el arte de la magia demoniaca en la Europa medieval, floreció bajo la condenación absoluta de la Iglesia. La necromancia convocó espíritus, diablos y demonios, y llevó una vida oculta practicando la magia negra.

El siglo XV fue una advertencia contra la hechicería y el inquisidor dominicano Nicolás Eymericus escribió muchos libros sobre la necromancia, aprovechándose de los numerosos ejemplares que había confiscado y que hablaban de todos los tipos de magia prohibida. Escribió, en su «Directorio para los Inquisidores», que las prácticas de magia del necromántico incluían bautizos de imágenes y convocaban a los espíritus, invocando nombres poco familiares, mezclando nombres de ángeles y demonios, fumigando la cabeza de una persona muerta, echando sales en el fuego, así como cuerpos de animales y pájaros.

Los manuscritos con instrucciones sobre estas prácticas han sobrevivido a sus detractores, y como muestra está el «Manual de Munich de Magia Demoniaca», fechado en el siglo XV y escrito en latín, una compleja y detallada guía de la necromancia.

Este manual, que probablemente fue escrito y guardado por un miembro del clero, da instrucciones en casi todas las páginas para conjurar a los demonios con círculos de magia y otros medios, ordenándoles realizar acciones una vez que ellos han aparecido y despidiéndolos cuando su trabajo ha finalizado. Se usan pasajes sustanciales del ritual cristiano, así como nuevos versos que se añadieron posteriormente. Los hechizos incluyen cómo hacerse invisible, cómo obtener el amor de una mujer y cómo despertar odio entre dos amigos.

La necromancia tiene sus raíces en muchas fuentes, incluso en el misticismo musulmán, así como en las tradiciones hebreas, el ritual de la cristiandad y la magia astral. Con los rituales usando el exorcismo, los necrománticos ordenaban a los diablos y demonios que emplearan su poder contra las personas santas. También usaron el poder divino de Dios para ayudar a que ordenase actos a los demonios y para aumentar sus propios poderes demoniacos.

La justicia de los inquisidores del periodo medieval vio en ello un peligro real y les encarceló, torturó, quemó y decapitó. La gente común de entonces no usaba ninguna hechicería, pero fueron igualmente acusados de emplear magia negra, hierbas medicinales y prácticas de adivinación, siendo ejecutados con rapidez por quienes deseaban perpetuarse en el poder y apaciguar a las masas descontentas.

Posesión demoníaca

Durante la vida de Cristo y después de Él, Dios permitió una mayor libertad de trabajo a Satanás y sus ángeles. Permitió a los demonios poseer a las personas, aunque ya sabemos que se clasificó erróneamente como poseídas a personas locas y a mujeres jóvenes que gustaban de los placeres del sexo. Las posesiones demoníacas a veces afectaban al cuerpo, otras a la mente, y con frecuencia a cuerpo y mente.

Después llegaron los exorcistas, quienes si no conseguían expulsar al demonio de esos infelices recomendaban encerrarles de por vida o, simplemente, sacrificarles «por su bien». Sin embargo, en los últimos años hemos asistido a una disminución dramática en las posesiones demoníacas. O los exorcistas han trabajado duro y bien, o los demonios han escogido otros cuerpos menos problemáticos, como pudieran ser los inspectores de Hacienda.

Parece ser que Dios permitió las posesiones demoníacas para mostrar el alto poder de Satanás y su superioridad con respecto al hombre e incluso a los ángeles, algo que ya había mencionado Jesús cuando hablaba con los fariseos.

Los milagros eran la confirmación temporal, provisional, y nunca algo natural. Se realizaron solamente con el propósito de confirmar la palabra de Dios y, una vez que esto había sido cumplido y se estableció el poder de Dios encima de Satanás en las Sagradas Escrituras, los milagros cesaron, e incluso la mayoría de las posesiones del demonio.

Hoy Satanás no ha podido efectuar ninguna nueva posesión, aunque ello no quiere decir que la influencia satánica dentro del mundo ya no exista. Sin embargo, su poder se ha limitado a ser de naturaleza influyente y solamente puede tentar y sugerir sutilmente.

INVOCACIONES ANCESTRALES

Invocación a la puerta de Nanna

¡Espíritu de la Luna, recuerda!

¡NANNA, Padre de los Dioses Astrales, recuerda!

¡En el nombre del Convenio jurado entre tú y la raza
de hombres, yo te llamo! ¡Escucha y recuerda!

¡Desde las Verjas de la Tierra, yo te llamo!

¡Desde las Cuatro Verjas de la Tierra KI, yo te rezo!

¡Oh Señor, Héroe de los Dioses que en el cielo y en la
tierra es exaltado!

¡Señor NANNA, de la Raza de ANU, escucha!

¡Señor NANNA, llamado PECADO, escucha!

¡Señor NANNA, Padre de los Dioses de UR, óyeme!

¡Señor NANNA, Dios de la Corona Brillante de la Noche,
escucha!

¡Fabricante de Reyes, Progenitor de la Tierra, Dador del
Cetro Dorado, oye y recuerda!

¡Padre cuyo pensamiento está más allá de la comprensión de
dioses y hombres, escucha y recuerda!

¡Verja de las Grandes Verjas de las Esferas, abre hacia mí!

¡Amo del IGIGI, gira la verja y ábrela!

¡Amo del ANNUNAKI, abre la verja a las estrellas!

Invocación a la puerta de Nebo

¡Espíritu del Planeta Veloz, recuerda!
¡NEBO, Custodio de los Dioses, recuerda!
¡NEBO, Padre de la Sagrada Escritura, recuerda!
¡En el nombre del Convenio jurado entre tú y la raza
de hombres, yo te llamo! ¡Escucha y recuerda!
¡Desde la Verja del Gran Dios NANNA, yo te llamo!
¡Por el nombre que yo me di en la Esfera Lunar, yo te llamo!
Señor NEBO, ¿no conoces tu Sabiduría?
Señor NEBO, ¿no conoces tu Magia?
Señor NEBO, ¿qué espíritu, en la tierra o en los cielos, no es
conjurado por la Escritura mística?
Señor NEBO, ¿qué espíritu, en la tierra o en los cielos, no es
compelido por la magia de tus hechizos?
¡NEBO KURIOS! ¡Señor de las Artes Sutiles, abre la Verja a
la Esfera de tu Espíritu!
¡NEBO KURIOS! ¡Amo de la Ciencia Química, abre la
Verja a la Esfera del Funcionamiento!
¡La Verja del Planeta Veloz, MERKURIOS, ábrela
hacia mí!

Invocación a la puerta de Ishtar

¡Espíritu de Venus, recuerda!
¡ISHTAR, Señora de los Dioses, recuerda!
¡ISHTAR, Reina de la Tierra y de la Subida del Sol,
recuerda!
¡Señora de Señoras, Diosa de Diosas, ISHTAR, Reina de
todas las Personas, recuerda!
¡Oh la Subida Luminosa, Antorcha del Cielo y de la
Tierra, recuerda!
¡Destructora de las Hordas Hostiles, recuerda!
¡Leona, Reina de la Batalla, escucha y recuerda!
¡Desde la Verja del Gran Dios NEBO, yo te llamo!
¡Por el nombre que yo me di en la Esfera de NEBO, yo te
llamo!

¡Señora, Reina de Rameras y de Soldados, yo te llamo!
¡Señora de Batalla y de Amor, yo te rezo, recuerda!
¡En el nombre del Convenio jurado entre tú y la raza
de hombres, yo te llamo!
¡Escucha y recuerda! ¡Supresora de las Montañas!
¡Deidad de Hombres! ¡Diosa de Mujeres! ¡Donde tú
estás, el Muerto vive!
¡ISHTAR, Reina de la Noche, abre la Verja!
¡ISHTAR, Señora de la Batalla, abre la Gran Verja!
¡ISHTAR, Espada de las Personas, abre tu Verja!
¡ISHTAR, Señora del Regalo del Amor, abre la Verja!
¡La Verja del Planeta Manso, LIBAT, ábrela hacia mí!

Invocación a la puerta de Shammash

¡Espíritu del Sol, recuerda!
¡SHAMMASH, Señor del Disco Ardiente, recuerda!
¡En el nombre del Convenio jurado entre tú y la raza
de hombres, yo te llamo! ¡Escucha y recuerda!
¡Desde la Verja de ISHTAR y la Esfera de LIBAT, yo te
llamo!
¡Iluminador de la Oscuridad, Destructor del Mal, Lámpara
de Sabiduría, te llamo!
¡SHAMMASH, portador de Luz, te llamo!
¡KUTULU es quemado por tu Poder!
¡AZAG-THOTH se ha caído de su Trono ante ti!
¡ISHNIGARRAB se chamusca de negro por tus rayos!
¡Espíritu del Disco Ardiente, recuerda!
¡Espíritu de la Luz del Nunca-final, recuerda!
¡Espíritu que rasga los Velos de la Noche, disipador de la
Oscuridad, recuerda!
¡Espíritu de la apertura del Día, abre la Gran Verja!
¡Espíritu que sube entre las Montañas con esplendor, abre la
Verja!
¡Por el nombre que di en la Esfera de ISHTAR, te pido que
abras la Verja!

¡Verja del Sol, ábrete!
¡Verja del Cetro Dorado, ábrete!
¡Verja del Poder que da la Vida, ábrete!

Invocación a la puerta de Nergal

¡Espíritu del Planeta Rojo, recuerda!
¡NERGAL, Dios de la Guerra, recuerda!
¡NERGAL, Conquistador de Enemigos, Comandante de
Organizadores, recuerda!
¡NERGAL, Asesino de Leones y de Hombres, recuerda!
¡En el nombre del Convenio jurado entre tú y la raza
de hombres, yo te llamo!
¡Desde la Gran Verja del Señor SHAMMASH, la Esfera del
Sol, yo te llamo!
¡NERGAL, Dios del Sacrificio de Sangre, recuerda!
¡NERGAL, Señor de las Ofrendas de la Batalla,
Devastador de los Pueblos del Enemigo, Devorador
de la carne del Hombre, recuerda!
¡NERGAL, portador de la Espada Poderosa, recuerda!
¡NERGAL, Señor de Brazos y Ejércitos, recuerda!
¡Espíritu de la Luz del Campo de Batalla, abre la Verja!
¡Espíritu de la Entrada Hacia la Muerte, abre la Verja!
¡Espíritu de la Navegación, la Espada que empuja, la Roca
Volante, abre la Verja a la Esfera a uno que no tiene miedo!
¡Verja del Planeta Rojo, ábrela!
¡Verja del Dios de la Guerra, ábrela!
¡Verja del Dios de la Victoria, ábrela!
¡Verja del Señor de la Protección, ábrela!
¡Verja del Señor del ARRA y el AGGA, ábrela!

Invocación a la puerta de Marduk

¡Espíritu del Gran Planeta, recuerda!
¡MARDUK, Dios de la Victoria sobre los Ángeles
Oscuros, recuerda!
¡MARDUK, Señor de Todas las Tierras, recuerda!

¡MARDUK, Hijo de ENKI, Amo de Magos, recuerda!
¡MARDUK, Conquistador de Reyes, recuerda!
¡MARDUK que da sus Poderes a las Estrellas, recuerda!
¡MARDUK que asigna sus Lugares a los Vagabundos,
recuerda!
¡Señor de los Mundos y de los Espacios, recuerda!
¡Primero entre los Dioses Astrales, escucha y recuerda!
¡En el nombre del Convenio jurado entre tú y la raza
de hombres te llamo! ¡Escucha y recuerda!
¡Desde la Verja NERGAL, la Esfera del Planeta Rojo, te
llamo! ¡Escucha y recuerda!
¡MARDUK, Señor de los Cincuenta Poderes, abre las Verjas!
¡MARDUK, Dios de Cincuenta Nombres, abre las Verjas a
tu Sirviente!
¡Por el nombre que yo me di en la Esfera de NERGAL, te
llamo!
¡Verja del Gran Dios, abre!
¡Verja del Dios del Hacha de Doble Cabeza, abre!
¡La Verja del Señor del Mundo, ábrela!
¡La puerta del Conquistador de los Monstruos del Mar,
ábrela!
¡Verja de la Ciudad Dorada de SAGALLA, ábrela!

Invocación a la puerta de Ninib

¡Espíritu del Vagabundo de las Basuras, recuerda!
¡Espíritu del Planeta del Tiempo, recuerda!
¡Espíritu del Cazador, recuerda!
¡NINIB, Señor de las Maneras Oscuras, recuerda!
¡NINIB, Señor de los Pasajes Confidenciales, recuerda!
¡NINIB, Conocedor de los Secretos de Todas las Cosas,
recuerda!
¡NINIB, Conocedor de las Maneras Antiguas, recuerda!
¡NINIB, Portador del Silencio, recuerda!
¡NINIB, Señor de las Maneras del IGIGI, recuerda!
¡NINIB, Conocedor de las Sendas de los Muertos, recuerda!

¡En el nombre del Convenio jurado entre tú y la raza
de los hombres, yo te llamo! ¡Escucha y recuerda!
¡Desde la Verja Poderosa del Señor de Dioses, MARDUK,
Esfera del Gran Planeta, te llamo! ¡Escucha y recuerda!
¡NINIB, la Oscuridad Vaga en las Tierras Olvidadas,
escucha y recuerda!
¡NINIB, el Guardabarrera de los Dioses Astrales, abre la Verja!
¡NINIB, Amo de la Persecución y la Jornada Larga, abre la
Verja!
¡Verja del Dios Mayor, ábrela!
¡Verja de la Última Ciudad de los Cielos, ábrela!
¡Verja del Secreto de Todo Tiempo, ábrela!
¡Verja del Amo del Poder, ábrela!
¡Verja del Señor de Toda la Hechicería, ábrela!
¡Verja del Conquistador de todos los Hechizos Malos,
escucha y ábrela!

Conjurar al brujo o Demonio

Este ritual está basado en el libro «Conjurar al Brujo»,
basado en las palabras de ENKI, Nuestro Amo y Señor de
Toda la Magia. Hay que tener cuidado de que este espíritu
indomable no atente contra el sacerdote, y por esa razón el
sacrificio preliminar debe hacerse en un cuenco limpio y
nuevo con el sigilo apropiado.

Los conjuros de iniciación deben grabarse en el cuenco
con una aguja fina, o pintados con tinta oscura. El sacrificio
debe ser con pan recién hecho, resina de pino y césped. Todo
debe quemarse en el cuenco, y así deberá grabar el sello en la
espada del brujo, momento en el cual tendrá ya la profesión de
brujo y dispondrá de licencia para partir.

El brujo viene de una raza diferente de hombres e incluso
de los dioses, y se dice que estaba con KINGU y sus hordas en
el momento de la Guerra entre los Mundos, pero se enfadó y
se fue hacia los ejércitos del señor Marduk.

Es adecuado conjurar los nombres de los Tres Grandes Brujos que existieron antes de la Confrontación –ANU, ENLIL y ENKI–, aunque también se les denomina a veces como Masa Ssarati, Mass Ssaratu o Masa Kia Ssaratu. El brujo a veces aparece como un grande y feroz perro que ronda sobre la Verja o el Círculo y asusta a las personas mientras espera el sacrificio. Tal es su aspecto cuando lleva la Espada de Llamas, que incluso los dioses mayores se intimidan. En ocasiones el brujo aparece como un hombre con una túnica larga, afeitado, con ojos que nunca pierden la mirada. A veces también aparece como el enemigo, preparado para devorar al sacerdote que se ha equivocado en las encantaciones, u omitido el sacrificio.

La invocación preliminar

Cuando se ha decidido convocar al brujo por primera vez, el lugar debe estar limpio y en el suelo hay que dibujar con harina un círculo doble. No debe haber ninguna mesa o altar y solamente tiene que estar allí el cuenco con las tres estatuas. El Conjuro del Fuego debe hacerse en ese momento, así como los sacrificios en el Cuenco Ardiente que denominamos como MASA AGA SSARATU, y que no debe ser usado para ningún otro propósito, salvo para invocar al brujo.

El cuenco debe quedarse entre los dos círculos y hay que situarlo frente al nordeste. Las vestiduras del sacerdote deben ser negras, así como su gorra, mientras que debe sostener la espada con su mano, sin ponerla en tierra. El ritual se hará por la noche, sin luz.

El conjuro es el siguiente:

¡ISS MASS SSARATI SHA MUSHI LIPSHURU RUXISHA LIMNUTI!
¡IZIZANIMMA ILANI RABUTI SHIMA YA DABABI!
¡DINA DINA ALAKTI LIMDA! ¡ALSI KU NUSHI ILANI

MUSHITI!
¡MASA IA SSARATI ISS MASA SSARATI BA IDS MASA SSARATU!

Este conjuro especial puede hacerse en cualquier momento que el sacerdote presienta que está en peligro, pues su espíritu o el brujo acudirán en su ayuda. Cuando se pronuncien las palabras MASA IA SSARATI la espada debe incrustarse en la tierra con fuerza e inmediatamente antes de decir MASA SSA-RATU. El brujo deberá aparecer si las instrucciones del sacerdote han sido realizadas correctamente.

La invocación normal del brujo

Esta invocación será realizada durante el transcurso de cualquier ceremonia cuando sea necesario convocar al brujo para presidir el Círculo o la Verja. La espada estará enterrada antes en la tierra, siempre en la sección nordeste, pero el AGA MASA SSARATU no debe pronunciarse hasta que no esté realizado el sacrificio. Si es necesario, en el tiempo que transcurre entre dos lunas se puede efectuar otro sacrificio nuevamente si la ceremonia no ha dado resultado.

Levante la daga cobriza y declame la invocación con una voz clara, fuerte o suave:

¡MASA de IA SSARATU!
Yo te conjuro por el Fuego de GIRRA
Los Velos de Varloorni hundidos,
y por las Luces de SHAMMASH.
Yo te llamo aquí, ante mí, en sombra visible, en forma
humana, para mirar y proteger este Sagrado Círculo.
¡Él, de nombre indecible, de número desconocido,
Quien ningún hombre ha visto en cualquier momento,
Quien nadie ha conseguido medir,
Quien ningún mago le llamó antes en vida, ahora te llamo aquí!

¡Sube aquí, por ANU yo te convoco!
¡Sube aquí, por ENLIL yo te convoco!
¡Sube aquí, por ENKI yo te convoco!
Deja de ser el Durmiente de EGURRA.
Deja de mentir bajo las Montañas de KUR.
¡Sube aquí, desde los hoyos de holocaustos antiguos!
¡Sube aquí, del Abismo viejo de NARR MARRATU!
¡Ven, por ANU!
¡Ven, por ENLIL!
¡Ven, por ENKI!
¡En el nombre del Convenio, ven y sube ante mí!
¡MASA de IA SSARATU!
¡MASA de IA SSARATU!
¡MASA de IA SSARATU ZI KIA KANPA!
¡BARRGOLOMOLONETH KIA!
¡SHTAH!

A estas alturas, el brujo vendrá posiblemente y estará de pie fuera de la Verja o el Círculo hasta que decida partir golpeando la mano izquierda del sacerdote con el puño de la espada, mientras se pronuncia la fórmula MASA DE BARRA SSARATU. ¡BARRA!

No hay que hacer nada durante este tiempo sagrado y el recinto debe permanecer en silencio hasta que el brujo decida marcharse, pues en caso contrario la maldición llegará allí.

Él no cuida lo que está allí, solamente obedece al sacerdote.

El Libro de la Profesión

La siguiente descripción pertenece a unos antiguos manuales, por lo que puede no ser bien entendida a causa de la traducción:
Sepa primero que:

Éste es el Libro de las Ceremonias de la Profesión, escrito desde el tiempo en que los dioses mayores caminaron por la Tierra y conquistaron el mundo antiguo.

Éste es el Libro de NINNGHIZHIDDA, la Serpiente Astada, la Señora de la Vara Mágica.
Éste es el Libro de NINAXAKUDDU, la Reina, la Señora de los Encantamientos.
Éste es el Libro de ASALLUXI, el Rey, el Señor de la Magia.
Éste es el Libro de AZAG, el Encantador.
Éste es el Libro de EGURA, las Aguas Oscuras de ABSU, el Reino de ERESHKIGAL, Reina de la Muerte.
Éste es el Libro de los Ministros del Conocimiento, FIRIK y PIRIK, del Demonio de la Vara Mágica, de la Serpiente entrelazada y el Demonio del Rayo, los Protectores de la Fe Arcana, el Conocimiento más Confidencial, y que no debe ser escondido de nosotros los no iniciados.
Éste es el Libro de ASARU, el Ojo en el Trono.
Éste es el libro de USHUMGALLUM, el Dragón Poderoso, nacido de HUBUR, de la batalla contra los dioses mayores.
Éste es el Libro de ENDUKUGGA y NINDUKUGGA, Varones y Monstruos Hembras del Abismo, de las Garras como Dagas y las Alas de la Oscuridad.
Éste es el Libro de NAMMTAR, jefe entre los Magos de ERESHKIGAL.
Éste es el Libro de los Siete Demonios de las Esferas Encendidas, de los Siete Demonios de la Llama.
¡Éste es el Libro del Sacerdote que gobierna los Trabajos de Fuego!

- Sepa, segundo, que el poder de la magia es el poder de Nuestro Amo ENKI, Señor de los Mares y Amo de la Magia, Padre de MARDUK, Diseñador del Nombre de Magia, la primera Magia, la Magia del Mundo, la Forma de la Magia. Por consiguiente, el Sacerdote que realiza los trabajos del Fuego, y del dios del Fuego, GISHBAR llamado GIBIL, debe rociar primeramente con el Agua de los Mares de ENKI, como un testamento a su señoría y una señal del Convenio que existe entre el Amo y el Sacerdote.

- Sepa, en tercer lugar, que por el poder de los dioses mayores y la sumisión de los antiguos, usted procurará tener honor, dignidad, riqueza y felicidad, pero que esto llegará mediante los Proveedores de Muerte, pues las joyas más radiantes serán encontradas enterradas profundamente en la tierra y en la Tumba del Hombre mediante el esplendor de ERESHKIGAL, la alegría de KUTULU y la comida de AZAG-THOTH.

  Por consiguiente, la obligación del sacerdote es custodiar la Puerta del Interior, el agente de MARDUK, sirviente de ENKI, a quien los dioses han olvidado. A los Sacerdotes de la Llama que en el Convenio se les ordenó sellar las verjas entre este mundo y el otro, guardar el reloj a través de la Noche del Tiempo y poner una barrera en el Círculo de la Magia, el Templo y la Verja entre los Mundos.

- Sepa, en cuarto lugar, que es obligación de los Sacerdotes de la Llama y la Espada, y de todo la Magia, traer su poder al Hampa y guardarlo encadenado, porque el Hampa es ciertamente la Verja Olvidada por los magos antiguos que buscan entrar en la vida de la Tierra. Y no olviden que los ministros de ABSU están paseando por la Tierra, montados en el Aire, caminando por la Tierra y navegando silenciosamente a través del Agua y rugiendo en el Fuego. Todos ellos deben someterse a la Persona del Sacerdote de la Magia, antes que cualquier otro, o en caso contrario el sacerdote se vuelve presa del Ojo de la Muerte de los Siete ANNUNNAKI, Señor del Hampa y Ministro de la Reina del infierno.

- Sepa, en quinto lugar, que los adoradores de TIAMAT están en el mundo exterior y pelearán con el Mago. Ellos han rendido culto a la Serpiente de Tiempos Antiguos, y siempre han estado con nosotros. Son conocidos por su apariencia humana y parece que tienen la marca de la bestia en ellos, pues cambian fácilmente en formas de animales y frecuentan las noches, emanando un olor que viene del incienso ardiente ilegal. Sus libros son los Libros de CAOSES y las llamas, y también los Libros de las Sombras. Ellos rinden culto a la tierra que tiembla, al cielo embravecido, a la llama desenfrenada y las aguas que inundan, y son los que levantan a las legiones de espectros, pero no saben lo que hacen, pues siguen las demandas de la serpiente llamada ERESHKIGAL y de KUTULU.

- Sepa, en sexto lugar, que usted no debe buscar que el funcionamiento de esta magia vaya en contra de las reglas y los gobiernos puestos por el hombre, pues eso es asumir un riesgo más horrible, para usted y para toda la humanidad. Por consiguiente, considere estas palabras cuidadosamente y no cambie las palabras de las encantaciones, tanto si las entiende como si no las entiende, porque son las palabras de los pactos hechos por los antiguos. Para que la fórmula se realice suavemente, emplee palabras dulces, salvo cuando pronuncie la fórmula «alto».

- Sepa, en séptimo lugar, que estas cosas son un arte que representa lo más sagrado de la magia. Estudie bien los símbolos y no tenga miedo de ningún espectro horrible que pueda invadir el funcionamiento de la ceremonia, ni el hábitat suyo, tanto de día como de noche. Sólo realice el procedimiento y las palabras del convenio y ellos harán todo cuando usted les pregunte.

- Y si usted realiza estos rituales a menudo, verá cosas que los demás ven oscuras; y a los vagabundos en sus esferas solamente los verá usted, y las estrellas en sus lugares perderán su luz, y la Luna se pondrá negra y desaparecerá. Alrededor de usted la llama, como un relámpago que se enciende en todas las direcciones, aparecerá y todas las cosas surgirán en medio de truenos y de las cavidades de la Tierra.

El ritual

El lugar elegido deberá estar situado en lo alto de las montañas, preferentemente, o cerca del mar; o en cualquier lugar apartado de los pensamientos de los hombres; o en el desierto; o encima de un templo antiguo. Y estará limpio y libre de gentes hostiles. Así, el lugar, una vez escogido, será purificado mediante súplicas al dios particular y a la diosa, quemando ofrendas de pino y cedro. Y una tabla redonda se traerá, y sal.

Y, habiendo ofrecido esto a las deidades personales, el sacerdote pronunciará, solemnemente, el exorcismo siguiente para que el lugar de profesión sea limpiado y todo el mal desterrado, y el sacerdote no cambiará una palabra o carta de este exorcismo, pues lo recitará fielmente:

¡ENU SHUB AM CALESA ABSU KISH EGIGGA GAR
SHAG DA SISIE AMARDA YA DINGIR UD KALAMA
SINIKU DINGIR NINAB GUYU NEXRRANIKU GA YA
SHU SHAGMUKU TU!

Y ahora el pan se deberá quemar en la lata de bronce y la sal esparcida por el cuarto, sesenta veces.

Un círculo se dibujará en la tierra y usted estará en medio de pie mientras recita los conjuros, teniendo un cuidado especial para no salirse de los límites del círculo, a fin de que no sea consumido por los monstruos invisibles del EGURRA de ERESHKIGAL, como ocurrió al sacerdote Abdul Ben-Martu en una ceremonia pública en Jerusalén.

Y el círculo se dibujará con cal, o cebada, o harina blanca. O excavado en la tierra con la daga de INANNA. O bordado con la seda más preciosa o la tela más cara. Y los colores serán sólo negros y blancos, de ningún otro.

La cinta de adorno y las normas deben ser todas de tela fina, y en los colores de NINIB y INANNA, esto es, negro y blanco.

Y la corona de la profesión llevará ocho rayos representando la Estrella de los Dioses Mayores, y puede ser de cobre adornado con piedras preciosas.

Y usted llevará una vara de piedra azul, con cinco rayos en forma de estrella, una al frente, otra al cinto, sobre el amuleto de UR, en el arma y en la túnica.

Y estas cosas sólo se llevarán para los rituales profesionales, y después se guardarán y esconderán, para que ningún ojo pueda verlos, salvo los suyos. En cuanto al culto a los dioses, siga las costumbres de su país, pero sepa que los sacerdotes antiguos no seguían ninguna creencia.

Cuando salga del círculo invoque a los dioses y diosas, pero sus imágenes deben quitarse del altar y guardarse, a menos que llame a los poderes de MARDUK cuando una imagen de MARDUK deba ponerse en el lugar.

Invocaciones a las Cuatro Puertas

Las invocaciones de las Cuatro Puertas deberán ser recitadas fuertemente, con voz clara:

¡MER SIDI! ¡MER KURRA! ¡MER URULU! ¡MER MARTU! ¡ZI DINGIR ANNA KANPA! ¡ZI DINGIR KIA KANPA! ¡UTUK XUL, TA ARDATA! ¡KUTULU, TA ATTALAKLA! ¡AZAG-THOTH, TA KALLA! ¡IA ANU! ¡LA ENLIL! ¡LA NNGI! ¡ZABAO!

Invocación de la puerta Norte

¡Invoco a las cuatro puertas del mundo, a las esferas de la Verja Norte, al Cazador color plata de la Sagrada Ciudad de UR!
¡Yo le llamo para guardar este Lugar Santo del Norte del Mandal contra los guerreros viciosos de la Llama de los Principados de DRA!
¡Vigila bien a UTUKKI de TIAMAT, los Opresores de ISHNIGARRAB, el Trono de AZAG-THOTH!
¡Suelta a las hordas de Ángeles Oscuros que asediaron el querido ARRA en todos los lados y en todos los lugares!
¡Señor de las Maneras, recuérdanos, Rey de nuestra Patria,

victorioso en cada guerra y conquistador de cada adversario!
¡Ve nuestras luces y oye a nuestros heraldos, y no nos
desampares! ¡Espíritu del Norte, recuérdanos!

Invocación de la puerta Este

¡Yo te invoco, Señora de la Estrella Creciente,
Reina de la Magia, de las Montañas de MASHU!
¡Yo la saco este día para guardar este lugar santo contra los
Siete Enemigos, el Maskim malo, los Señores Malos!
¡Yo te convoco, Reina de las Maneras Orientales, para que
me protejas del Ojo de la Muerte y de los rayos malos del
ENDUKUGGA y NINDUKUGGA!
¡Ven ahora, Reina de las Maneras Orientales, y Recuerda!
¡Espíritu del Este, recuerda!

Invocación de la puerta Sur

¡Yo te invoco, Ángel Guardián de URULU, la Ciudad del
terror y la Muerte, Puerta sin Retorno!
¡Haz que estés en pie a mi lado!
¡En el nombre de los Violentos Organizadores de MARDUK
y ENKI, Señor de la Raza Mayor, haz que estés en pie firme
detrás de mí!
¡Contra PAZUZU y HUMWAVA, Demonios de los Vientos
del Sudoeste, haz que me resista!
¡Contra el Señor de las Abominaciones, haz que me resista!
¡Seas tú los Ojos detrás de mí, la Espada detrás de mí, la
Lanza detrás de mí, la Armadura detrás de mí!
¡Así sea, Espíritu de las Maneras del sur, y recuerda!
¡Espíritu del Sur, recuerda!

Invocación de la puerta Oeste

¡Yo te invoco, Espíritu de la tierra de MER MARTU!
¡Yo te invoco, Ángel del Ocaso!
¡Del Dios Desconocido, protégeme!

¡Del Demonio Desconocido, protégeme!
¡Del Enemigo Desconocido, protégeme!
¡De la Hechicería Desconocida, protégeme!
¡De las Aguas de KUTULU, protégeme!
¡De la Ira de ERESHKIGAL, protégeme!
¡De las Espadas de KINGU, protégeme!
¡De la Mirada Letal, la Palabra Letal, el Nombre Letal, el
Número Letal, la Forma Letal, protégeme!
¡Así sea, Espíritu de las Maneras Occidentales, y recuerda!
¡Espíritu de la Puerta Oriental, recuerda!

Aquí siguen varias invocaciones particulares, para convocar varios poderes y espíritus. Puede haber palabras del arte nigromántico para quien esté deseoso de hablar con el fantasma de alguien muerto, y que mora quizá en ABSU, y por eso es sirviente de ERESHKIGAL. En el caso de la invocación preliminar que sigue será usada para la Reina de la Vida, INANNA, en el momento de su descenso a ese Reino de Penas.

Después se llega a la apertura de la Verja de Ganzir, que lleva a los Siete Pasos en el Hoyo Espantoso. Por consiguiente, no se alarmen de lo que vean y oigan desde esa apertura, porque serán los lamentos de las sombras y espíritus que están encadenados, y los gritos del dios enfadado en el Trono de la Oscuridad.

Invocación preliminar a los Espíritus de los Muertos

¡BAAD ANGARRU! ¡NINNGHIZHIDDA!
¡Yo te invoco, Serpiente de lo Profundo!
¡Yo te invoco, NINNGHIZHIDDA, Serpiente Astada de lo
Profundo!
¡Yo te invoco, Serpiente Emplumada de lo Profundo!
¡NINNGHIZHIDDA! ¡Abre! ¡Abre la Verja para que pueda
entrar!
¡NINNGHIZHIDDA, Espíritu de lo Profundo, Brujo de la
Verja, recuerda!

¡En el nombre de nuestro Padre, ENKI, antes del Vuelo,
Señor y Amo de los Magos, abre la Verja en la que yo pueda
entrar!
¡Abre, para que no rompa la Verja!
¡Abre, para que no estropee sus barras!
¡Abre, para que no ataque las paredes!
¡Abre, para que no salte por encima de ella y emplee la fuerza!
¡Abre la Verja, para que no tenga que matar y devorar a los vivos!
¡Abre la Verja, para que no dé poder a los muertos!
¡NINNGHIZHIDDA, Espíritu de lo Profundo, Brujo de la
Verja, abre!

El texto de Magan

Los versos que aquí siguen vienen del texto confidencial
de algunos sacerdotes que siguen el culto de la Vieja Fe que
existió en Babilonia, y que estaban originalmente en su lengua,
aunque ahora se han modificado levemente para que puedan
entenderse. Estos textos fueron descubiertos en la región de las
Siete Ciudades Legendarias y en ellos se cuenta la guerra entre
los dioses, que tuvo lugar en una época más allá de la memoria del hombre. También se describen los horrores y la fealdad
que el sacerdote procuró mencionar en sus ritos, así como las
razones, su naturaleza y los seres que intervinieron.

El número de las líneas es sagrado, y la palabra es sagrada,
y poseen encantamientos muy potentes contra los demonios.
Algunos magos del país los escribieron en pergamino o arci-
lla, o en alfarería, o en el aire, pues hasta eso podían hacer.

*«Yo copié estas palabras en mi mente y las escondí debajo
de mi lengua, guardándolas fielmente durante muchos años, y
todos ellos irán conmigo al lugar donde yo iré cuando mi espíritu salga del cuerpo. ¡Pero considera bien estas palabras y
recuerda! Lo más importante es emplear magia potente,
siendo el recuerdo de las cosas pasadas y las que van a venir
partes de la misma memoria.»*

No muestre estos textos a una persona no iniciada, pues le causará daños

¡Escucha y recuerda!
¡En el nombre de ANU, recuerda!
¡En el nombre de ENLIL, recuerda!
¡En el nombre de ENKI, recuerda!

Cuando en lo alto de los cielos no habían sido nombrados los dioses, la Tierra no existía y el cero era todo, MUMMU TIAMAT, el Antiguo, se aburrió de todo. En este momento, antes de que los dioses mayores hubieran sido traídos, ocultó su nombre y su destino quedó desconocido e indeterminado. Los dioses trajeron a LLMU y LLAAMU y fueron llamados por su nombre, y continuaron creciendo. Se trajeron a ANSHAR y KISHAR y después a ANU, y nuestro amo ENKI no tuvo ningún rival entre los dioses. ¡Recuerda!

Los dioses mayores perturbaron a TIAMAT, el Antiguo, cuando surgieron de un lado a otro. Se preocuparon de su rebelión en la morada del cielo y ABSU no pudo evitar que TIAMAT se quedara mudo. Sus obras eran aborrecibles y ABSU subió a matar a los dioses mayores engañándoles. Con los encantamientos de la magia y los hechizos ABSU luchó, pero fue muerto por la hechicería de los dioses mayores. Ésta fue su primera victoria, pues su cuerpo se quedó en un espacio vacío en una hendidura de los cielos, escondido, aunque su sangre clamó venganza.

TIAMAT, enfurecido, efectuó sortilegios malos y creó monstruos para que pudieran salir y pelear contra esos Hijos de la Iniquidad, unos descendientes asesinos que habían destruido un dios. HUBUR se levantó y, con hermosos y seductores atuendos, se acercó a nuestro Amo, desplegando armas sin igual como la serpiente monstruosa, de afilados dientes y largos colmillos. Ella llenó sus cuerpos de veneno, sacó dragones rugiendo y, escupiendo sangre y vestida con atuendos de Terror, hizo que quien la mirase muriese. Convocó a la Víbora, al Dragón y al Toro Alado, al Gran León, al Dios Enfadado y al Escorpión-hombre. Todos eran demonios sumamente rabiosos, serpientes emplumadas, el caballo-hombre y muchas armas más, junto con sus hechizos antiguos. Finalmente, trajo a KINGU como líder. ¡Recuerda! —

ENKI, nuestro Amo, que temía la derrota, convocó a su hijo MARDUK, quien peleó con la antigua horda y salió victorioso.

¡MARDUK KURIOS!

Es la estrella más luminosa entre las estrellas, el dios más fuerte entre los hijos de los dioses de la Magia y el niño que porta la Espada de la Sabiduría y la Palabra más Sabia. Estaba armado con el Disco del Poder, con carros de fuego, con la llama para llenar los cuerpos de los dragones, y así todos fueron muertos. Fueron muertas las poderosas criaturas de HUBUR, los hechizos, los encantos y toda la hechicería.

Aún permanecían la Gran Serpiente, el Gusano Enorme, la Serpiente con dientes de hierro, la Serpiente con garra afilada, la Serpiente con Ojos de Muerte, y arremetieron contra MARDUK, con rugidos y maldiciones. MARDUK golpeó con el Disco del Poder cegando los ojos de TIAMAT y el monstruo se movió con esfuerzo y levantó su parte de atrás golpeando en todas las direcciones mientras escupía palabras antiguas de poder y gritaba encantamientos antiguos. MARDUK golpeó de nuevo y voló disparando entre sus mandíbulas flechas encantadas hasta que separó la cabeza de TIAMAT de su cuerpo.

¡Recuerda!

MARDUK alcanzó la victoria y fue aclamado por los dioses mayores, uniéndose a ellos. Formaron así el cielo y la tierra, poniendo una verja para guardar los tesoros antiguos que la cerró con una llave que escondió para siempre. Los hijos de MARDUK salvaron a los seguidores de nuestro Amo ENKI, primer mago entre los dioses, y de la sangre de KINGU formó al hombre. Construyó atalayas para los dioses mayores que controlaban desde ellas los cuerpos astrales y las constelaciones.

Nosotros somos los únicos que estamos perdidos antes del tiempo y venimos de una tierra más allá de las estrellas, en la época en que ANU paseaba por la tierra en compañía de ángeles luminosos. Hemos sobrevivido a la primera guerra entre los poderes de los dioses y hemos visto la ira de los antiguos y la huida de los ángeles oscuros hacia la Tierra. Por eso nosotros somos una raza más allá de los vagabundos de la noche y hemos sobrevivido a la época en que ABSU gobernaba la Tierra y el poder destruyó muchas generaciones. Hemos sobrevivido en las cimas de las montañas y en los valles, y hemos hablado con los escorpiones. TIAMAT nos ha prometido que nunca más nos atacaría con agua y viento, pero los dioses nos han olvidado.

Del sueño de ISHTAR

¡NINNGHIZHIDDA, Serpiente de lo Profundo!
¡NINNGHIZHIDDA, Serpiente astada de lo Profundo!
¡NINNGHIZHIDDA, Serpiente emplumada de lo Profundo!
¡Abre la puerta para que pueda entrar!
¡NINNGHIZHIDDA, Espíritu de lo Profundo, Brujo de la
Verja, Recuerda!
¡En el nombre de nuestro Padre ENKI, Señor y Amo de
Magos, abre la puerta por la que yo pueda entrar!
¡Abre! ¡Para que yo no rompa sus barras,
Para que no ataque la barrera,
Para que no tire las paredes con mi fuerza,
Abre la puerta que abre la verja ancha
Para que no cause la muerte!
¡Yo levantaré a los muertos!
¡Yo causaré la muerte y devoraré a los vivos!
¡NINNGHIZHIDDA, Espíritu de lo Profundo, Brujo de la
Verja, abre!

DESARROLLO DEL SATANISMO Y LA BRUJERÍA

En hebreo antiguo la palabra «Satán» significa «el adversario», y simplemente se refiere a la persona que tomó un punto de vista diferente en una disputa por discusiones teológicas. Semejante papel nunca es popular y con el tiempo esta palabra se aplicó a cualquiera que defendiera una visión poco ortodoxa de la cristiandad. Después, la palabra llegó a ser aplicada a la idea del Anticristo, y el culto a Satanás fue la excusa para condenar a los seguidores de la primitiva religión cristiana, directamente heredada de Cristo, declarándoles culpables de herejía. Cuando estos herejes fueron quemados en la hoguera por este «crimen», sus propiedades fueron repartidas entre la Iglesia y las autoridades civiles. Desde entonces la idea del satanismo se menciona como algo tan repugnante y peligroso que sigue aún perseguido por las autoridades civiles y eclesiásticas. Por eso no nos debe extrañar que el culto a Satán sea considerado cuando menos obsoleto, pues no hay nadie que se atreva a defenderlo como una opción válida.

Pero una reciente innovación ha sido la causa para el resurgir de la doctrina del satanismo como una religión moderna. Los seguidores se enorgullecen de la idea de invertir a la cristiandad, doctrina que se ha aprovechado durante siglos de la libertad que le han concedido los gobiernos, libertad ficticia, pues no existe una verdadera tolerancia religiosa. Estos satánicos se consideran aún como unos niños malos que se divierten con ceremonias y ritos ocultos y que no ofrecen peligro siempre que no haya menores allí. Las iglesias, por el contrario, no dudan en admitir a los niños en sus creencias y hasta les bautizan cuando apenas acaban de nacer.

Esto probablemente no sería importante para el desarrollo del satanismo, si no fuera por el hecho de que la palabra brujería está unida desde hace mucho tiempo a la idea de Satán, algo totalmente fuera de la realidad, pues son dos creencias perfectamente diferenciadas.

Los hombres realmente sabios nunca se han preocupado por los conceptos de «diablo» o «infierno» y han reconocido a Satanás como un concepto necesario dentro del dogma de los cristianos, pues no puede haber un bien si no lo comparamos con un mal. Thomas Mann dijo: «Aquellos que creen en el diablo ya son sus discípulos.»

Para los creyentes todas las personas son hijos literales de Dios, y todo en la Creación está comprometido por un ciclo de progresión eterna a través de la enseñanza de la ley natural y el ciclo de reencarnaciones. Así, todos estamos creciendo más sabios a través de cada vida subsecuente. Cada persona consigue en la vida lo que él gana y nada más. Si hay cualquier «castigo» es como consecuencia natural de sus propios actos, pero tales consecuencias sólo se aprenden si son enseñadas y no son por consiguiente eternas. Todos los practicantes desde los comienzos de la brujería, especialmente en Europa occidental y las Islas Británicas, están interesados en la reencarnación, lo mismo que en la medicina natural. Dondequiera que la Destreza se divulga siempre hay alguien que se preocupa por atender a las necesidades de la salud de las personas.

Maestros y médicos

Toda la medicina, hasta hace poco tiempo, ha sido Medicina de la Destreza. Las brujas también tienen siempre relación con los grandes valores de la ley natural encontrados en la música, el baile, la agricultura natural y la astrología. En la religión druida se creía en la vida futura y en varias divinidades, y esa creencia fue parte de la cultura de las Islas Británicas y el viejo continente, así como lo fue el vestido tradicional de las brujas, con una capa negra que podría ser el precedente del actual atavío clerical. Esta túnica negra era la marca de fábrica de la profesión y el sello de la Destreza.

Mucha gente vulgar, y especialmente los seguidores de las viejas religiones, nunca tuvieron interés por practicar la medicina y por eso no adoptaron el uniforme de la túnica negra, aunque lo seguían utilizando para asistir a las reuniones de brujería. Más tarde, estos seguidores llegaron a ser llamados «vestidos con túnica» y también denominados como «brujas druidas», con enseñanzas que se remontan a la antigua cultura céltica.

Pero cuando esta organización fue clasificada como satánica según el criterio de la Inquisición, cualquier imputación de brujería era equivalente a la ejecución, por lo que la túnica negra tradicional se convirtió en un seguro mortuorio. Este periodo todavía es llamado como «tiempos ardientes» y durante las ejecuciones en la hoguera fue necesario para sobrevivir destruir o esconder cualquier cosa que pudiera hacer pensar en una conexión con la brujería.

Los doctores —sacerdotes— de la Destreza tuvieron pocas opciones en esta época, pues solamente podrían abandonar sus rituales, esconderse o salir fuera. Muchos fueron identificados, torturados y quemados, pero junto a ellos murieron docenas de personas no pertenecientes a esta congregación y cuyo mal había sido ser objeto de envidia de algún vecino. Por ello, la desintegración de los brujos redujo el número de maestros drásticamente y el resto tuvo que permanecer escondido y completamente invisible. Las brujas laicas que quedaban practicaron sus rituales en el secreto de sus grupos familiares.

Con el tiempo, la ausencia de maestros profesionales producía cada vez menos interés por la medicina natural y otros aspectos igualmente interesantes, derivándose cada vez más atención a los elementos mágicos. Después terminaron por abandonar sus túnicas negras tradicionales y vestirse con ropa ordinaria, evitando emplear el término druidas y adoptando el de «brujas célticas». En Inglaterra el término «druida» ha sido destinado para grupos que han buscado reavivar esta religión como un culto a la tradición. Estos grupos familiares de brujas célticas siempre han estado intensamente callados, pero desde la revocación de las leyes de la brujería algunos se han atrevido a manifestarse en público.

Con todas estas personas nosotros estamos endeudados por haber preservado del olvido estas prácticas, especialmente porque todo ha tenido que hacerse en la sombra y han tenido que seguir practicando con grave riesgo para sus vidas y transmitiendo sus enseñanzas a las generaciones familiares más jóvenes.

La huida a América

Entre tanto, una gran variedad de sectas cristianas, incluso los puritanos, huyeron al Nuevo Mundo para evitar la persecución, lo mismo que muchos maestros de brujería. Allí llegaron maestros en medicina natural y numerosos estudiantes que se establecieron en las colonias, aunque tampoco fueron aceptados por los colonos sectarios que pertenecían a iglesias tradicionales. Esto les obligó a buscar aislamiento incluso en el Nuevo Mundo y viajaron en busca de un lugar tranquilo a la Apalachia, una región de los montes Apalaches; a Tennessee, y también a Arkansas y Missouri.

En las montañas encontraron el aislamiento y protección que les permitió el lujo de estar en libertad para vivir sus creencias sin el estorbo de los inquisidores. Su idioma isabelino, sus trajes, sus bailes, su música, la medicina y la cultura sobrevivieron relativamente inalterados en el siglo XX. Cuando la cultura americana empezó a tomar constancia real de estas

personas, las etiquetó al revés y las definió sencillamente
como gentes que habían escogido ir contra corriente y pasar de
la cultura americana. Entre estas personas calladas y privadas
había muchas que tenían en su interior una gran sabiduría
legendaria y que solamente ahora han comenzado a resurgir
entre los cauces más anchos de la cultura americana.

En el siglo XX

En los años 1950 el británico y antropólogo Gerald B.
empezó a estudiar a las brujas célticas de Inglaterra y la Destreza. Se dice que él ha unido a varios de ellos en un congreso
(*coven*) y más tarde se ha decidido a revelar algunos de los
secretos en sus libros. Él creó una liturgia entera basada en sus
enseñanzas, combinadas con espigueos (búsqueda en libros
antiguos) de los ritos romanos de Diana. Sus ritos tienen una
cierta belleza y contienen prácticas sexuales abiertas. Cuando
las *gardnerians* practicaban desnudas los ritos eran denominadas como las brujas desnudas, aunque las ramas más viejas
de la Destreza niegan que estas brujas tengan algo que ver con
la fuente principal de la Destreza.

Algo más tarde, otro inglés, Alex Dogfish, un colega anterior
de Gerald B., surgió proclamándose a sí mismo como «el Rey de
las Brujas» y varios grupos que se llaman Alex-Sandrians han
llegado a varios lugares de la costa atlántica propagando sus
enseñanzas. Estos grupos son típicos del resurgimiento actual
del interés por la brujería y junto a ellos se han creado muchas
sectas restauradoras. Ellos se construyen sus propios rituales, sus
conjuros, poseen sus símbolos y vestimentas propias, hablan de
la Destreza y normalmente se creen únicos y legítimos representantes de la magia y de la brujería. Su ego les ha llevado a pro-
clamar un líder carismático que es quien se encarga de hacer la
publicidad y hablar en los medios de comunicación.

La razón que les mueve es una necesidad tradicional en la
persecución de la sabiduría, pero la mayoría de estos grupos

están más interesados en lograr sus deseos que en aprender y esclarecer las enseñanzas básicas de la brujería. Por ello es habitual que encontremos ahora grupos bajo el nombre de Faerie, Dianic, Galés, Strega y Ecléctico, entre otros, y, aunque algunos pretenden restaurar la tradición, la mayoría son nuevos.

Diferentes sistemas

Los brujos desnudos ponen su énfasis en los ritos de la fertilidad y el sexo, en una variedad de ceremonias de belleza considerable. Los brujos vestidos dan énfasis a las pociones mágicas y los rituales de la vieja Destreza, que se han efectuado siempre en sus círculos cerrados.

Los brujos vestidos acostumbran emplear elementos de magia mental para lograr sus metas personales de salud, riqueza y sabiduría. Además, ponen gran énfasis en la salud personal, en el estilo de vida del individuo y en la medicina natural. A pesar del monopolio médico moderno, ellos sanan a muchos «incurables» de su propio grupo y enseñan la armonía de vivir con salud en cooperación con la Naturaleza.

No es raro para cualquiera de nosotros haber conocido a una persona mayor muy sabia, sobre todo en materia de medicina natural o medicina herbaria, o haber sabido de alguien que es bueno adivinando o leyendo horóscopos. Quizá también hemos sabido, o conocido, de alguien que posee el poder curativo en sus manos. A veces, los amigos y vecinos de estas personas raras se refieren risueñamente a ellos como «brujos», lo que indica que ni siquiera le conocen personalmente, pero gustan de hablar sobre su arte como si fueran entendidos en la materia. Esto obliga a que estas personas conocidas como brujas y brujos sean solitarias en sus relaciones sociales y que no tengan amigos en la vecindad. *Se les acusa de ser igualmente incapaces de asociarse, pero el problema nunca está en ellos, sino en los malos vecinos.*

Pudiera ser que esa clase de brujas haya desarrollado sus habilidades de modo natural, mediante unas vidas anteriores, pues hay una creencia entre las brujas que la Destreza se debe practicar durante siete vidas, pues su gran poder y conocimiento les permite volverlo a ejercer muchas veces en su existencia. A veces la explicación es menos exótica. Frecuentemente, ahora las enseñanzas se consiguen siendo aprendiz en un grupo de Destreza o practicando de manera individual, momento que comienza cuando al llegar la pubertad esa persona se da cuenta que posee poderes y habilidades especiales. El camino de la sabiduría se llama La Manera hacia la Perfección y es difícil que se pueda practicar y conseguir en solitario, pero estamos seguros que durante esas siete vidas que disponen lograrán unos conocimientos inmensos. A otros les queda la solución de asociarse con un grupo de practicantes de brujería o a través del aprendizaje personal con un maestro más viejo.

Los grupos de enseñanza

Desde que la Destreza es un arte vivo, un grupo creciente de conocimiento, parece razonable pensar que se necesita alguna forma y estructura para entrenar a los nuevos miembros. En la mayoría del mundo el sistema para aprender ha sido siempre el mismo. En China, India, Rusia y las montañas americanas, así como en las tierras bañadas por los Mares del Sur, el método del aprendiz ha sido el más extendido. Una bruja o doctor practicante coge a un joven bajo su tutela y le enseña las habilidades de la Destreza para que tenga habilidad y ganen en sabiduría cuando llegue a la madurez. Esto no significa que la Destreza esté desorganizada o carezca de estructura, ni que las prácticas sean espontáneas y muy diseminadas. Si éste fuera el caso, la Destreza habría muerto hace tiempo.

Los maestros de estos aprendices, los practicantes más viejos, se encuentran regularmente en cónclave con personas más viejas y más sabias para aumentar su propia enseñanza e instrucción, así como para coordinar las actividades.

En Europa occidental y los países mediterráneos los miembros más antiguos de la estructura desplegaron hace tiempo un sistema para la organización metódica. En estas primeras áreas organizadas se formaron grupos de tres a doce miembros bajo la tutela de una bruja/o experimentada/o, un par de brujas.

Todos en la Destreza son considerados como estudiantes hasta que logran la perfección personal. Por consiguiente, los líderes de estos grupos de brujos más jóvenes son los miembros de un grupo superior que se encuentra bajo la dirección de un mago que es, a su vez, miembro de un grupo de magos que están bajo la dirección de un *magus* o sacerdote. Los *magi* pertenecen a un grupo que está controlado por el Amo Magus y éstos son los miembros de un grupo dirigido por un Gran Amo. Debido a las necesidades políticas, de cuando en cuando existe un Gran Amo Supremo que controla las agrupaciones de varios países.

Cuando los brujos aumentaron, fue necesario dividirlos en tres grados para mantener un entrenamiento diferente, según el nivel de cada alumno. Estos grados empiezan con el aprendiz estudiando para ser un miembro de la Destreza y se le otorga el 1, o Grado Delta. Este grupo constituye el volumen de los miembros de la Destreza. Los miembros del Grado Estrella, o segundo grado, son aquellos que han completado el curso de estudio y un aprendizaje extenso, y se han convertido en compañeros de la Destreza, teniendo ya atributos de dirección. En sus congresos constituyen el cuerpo de magos, así como el sacerdocio.

El tercer grado se compone de aquellos que son considerados como doctores sabios de la divinidad en el mundo externo. También pueden ser doctores en medicina natural y constituyen el Sacerdocio Alto, pudiéndose dedicar a la brujería.

El grupo de la brujas se llamaba originalmente «covey» (el plural anglosajón es *coven*), probablemente por la misma razón que una bandada de codornices se llaman así. El número doce es algo tradicional para establecer los grupos de miembros y supone una cifra práctica para que un líder pueda trabajar eficazmente.

Normalmente usamos aquí el término «magia» sin mucha definición y debemos aclarar que el significado exacto es «la práctica de las enseñanzas del mago», y es así como debemos considerarlo. Ha sido definido también por algunos como «el control del mundo visible por medios invisibles» y también como «el tipo de pensamiento que crea cosas o hace cosas».

En ningún caso debe ser interpretada esta palabra en el sentido moderno de «magia alta» o «hechicería», pues los *magi* u hombres sabios nunca tienen interés en enseñar algo así. Tampoco tiene nada que ver con cosas como «espiritualismo», «ocultismo», «satanismo», «mando de la mente», «psiquismo», «cienciología», «paganismo», «yoga», «demonología», «I Ching», «cábala», «zen», «resurrección» o cualquier otro sistema esotérico o creencia religiosa.

Cábala

Según la fuente que consultemos, el término cábala proviene del vocablo hebreo kabbalah, qabbala, y se refiere a la tradición oral que entre los judíos explicaba y fijaba el sentido de los libros del Antiguo Testamento. También se traduce como arte mágico tradicional de origen judío, desarrollado en las formas de la teosofía y el misticismo a partir de, aproximadamente, el 1200 a.C. Sus detractores lo mencionan como el arte supersticioso que consiste en valerse de anagramas, transposiciones y combinaciones de las letras hebraicas y de las palabras de la Sagrada Escritura, para descubrir su significado.

El término cábala expresaba una parte de las tradiciones orales judías no incluidas en el Pentateuco. Se trata de los cinco libros de Moisés (Génesis, Éxodo, Levítico, Números y Deuteronomio), aunque se le conoce también bajo el nombre de Torah. En ellos se encuentra la historia de Israel desde los tiempos más antiguos, especialmente la historia de los patriarcas, el éxodo, el Sinaí y la entrada en Canaán.

Según los estudiosos de la cábala, el uso de los significados y poderes misteriosos de las letras y los números, los ritmos y vibraciones de las palabras, basta para invocar poderes angélicos y espíritus de diversas clases. Aunque prohibían la magia negra, los cabalistas podían, según las tradiciones, invocar espíritus con fines egoístas e incluso perversos. La cábala se cuenta, pues, entre las más célebres artes adivinatorias o mancias y a menudo se mezclaba su práctica con la de los alquimistas.

Según los cabalistas, su arte les permitía descubrir los significados ocultos que Jahveh, Dios, había guardado en las palabras de las Escrituras. Durante años se les ha denominado igualmente como los Misterios del Torah, los Maestros del Misterio, los Hombres de la Fe y Aquellos que Comprenden.

La cábala es esencialmente una tradición oral, ya que es un conocimiento que exige una relación personal de maestro a discípulo, supuestamente como una precaución para evitar los peligros de desatar o invocar poderes sin tener experiencia para dominarlos. Se la toma también como una tradición en el sentido de que dice representar la parte esotérica del Torah oral que Dios reveló a Moisés, así como las enseñanzas que antes Dios había entregado a Adán. Se vincula mucho la cábala con la figura carismática del profeta Elías, el Guardián de la Tradición.

La cábala se divide en dos partes:

1. La Cábala Teórica (Qabbala 'iyyunit).
2. La Cábala Práctica (Qabbala ma'asit).

Tanto las autoridades religiosas judías como las cristianas condenaron el estudio de la cábala por considerarla como una forma de hechicería relacionada con la adivinación y la invocación al demonio. Pero incluso después de haber sido condenada tuvo numerosos adeptos secretos, incluyendo las más brillantes inteligencias de su tiempo, en Alemania, Inglaterra y

Francia, aunque más florecientes aún fueron los cabalistas de Bolonia (Italia), Provenza y España.

Hoy en día se emplea como una forma de expresión habitual en la cual el individuo se pierde en conjeturas y cálculos, tratando de saber por anticipado algo que le inquieta, aunque también se usa para explicar la intriga, la maquinación y más frecuentemente como un cálculo supersticioso para adivinar una cosa.

OTRAS ARTES MÁGICAS

Vudú

Por razones extrañas, la palabra vudú ejerce siempre un tipo de temor entre las personas, incluso entre aquellos más escépticos en los temas esotéricos. Unida frecuentemente a la creencia en muertos vivientes y zombis, este culto, muy difundido entre los negros de las Antillas y sur de los Estados Unidos, *es en realidad una mezcla de religiones animistas de África, de politeísmo de pueblos guineanos y de cristianismo.* Los animistas consideran el alma como el principio de acción de los fenómenos vitales en la salud y la enfermedad, con independencia de la materia orgánica y de sus fuerzas físicas y químicas. Asumen la creencia en la actividad voluntaria de los seres orgánicos e inorgánicos y de los fenómenos de la Naturaleza, acompañada de la adoración a dichos seres y fenómenos, creyendo igualmente en la existencia de espíritus que animan todas las cosas. Sus imágenes son frecuentemente fetichistas y emplean métodos de magia tradicionales en sus ceremonias.

El politeísmo admite la pluralidad de dioses, algo que habitualmente consideran la mayoría de las religiones, como la griega o la hindú, pues aunque muchas son monoteístas en cuanto a la creencia en un Ser Supremo, su presencia se manifiesta de formas diversas, como ocurre en el caso de Brahma, Vishnú y Shiva, trilogía muy parecida a la Santísima Trinidad cristiana.

Pero esta religión vudú se diferencia sensiblemente de cualquier otra y sus seguidores son considerados asesinos potenciales; sus prácticas son imaginadas por los ignorantes como envueltas en sangre. En ellas vemos a mujeres desnudas, sangre de animales degollados (mayormente gallos), ceremonias invocando al demonio y mil sortilegios más en espera de que un muerto salga de su tumba convertido en zombi.

Por lo que podemos saber, la cultura vudú no es más macabra que cualquier otra religión que nos hable de mil desgracias si nos apartamos del buen camino. Pero como este sendero correcto es muy diferente según cada religión, no es muy difícil diferenciar las buenas de las malas creencias. El vudú no habla de dioses, ni suele tener divinidades que ejerzan el poder sobre los hombres, aunque reconoce que hay un creador del universo que ahora vive retirado y que solamente ejerce de intermediario. Esencialmente, analiza mucho la materia humana y sus teorías se basan en principios físicos y metapsíquicos. Saben que *una palabra expresada en un momento concreto, por una persona adecuada y en un tono definido, puede causar un daño irreversible* o sosegar al más excitado. Para lograr esto no necesitan la ayuda de ningún ser supremo y les basta con ellos mismos o esbozando una amenaza discreta.

Piense por un momento en un posible enemigo suyo que le advierte que mañana irá a su casa para pegarle una paliza o de otro que simplemente le mira con los ojos fijos y le dice: «Vendré a por ti.» En ambos casos la amenaza es clara, pero contra el primer enemigo podrá elaborar una eficaz defensa (personal o policial), mientras que para el segundo no tiene recursos eficaces. No sabe cuándo vendrá, ni por dónde, y ni siquiera qué pretende hacerle, pero desde el momento mismo de la amenaza usted no dormirá tranquilo ni será capaz de pasear por las calles sin vigilar los alrededores. Y cuando ese enemigo haga por fin acto de presencia usted estará tan atemorizado por la tensión acumulada que será incapaz de ninguna respuesta eficaz. Esto es la esencia de las maldiciones del vudú.

Curiosamente la palabra vudú proviene de «voundoun», que significa dios en la lengua de Benin, aunque también pudiera ser una deformación del término «vodun», que se refiere a todo lo fantasmal. El vudú insiste en la existencia de un mundo invisible a nuestro alrededor, tal como la película «Re-sonator» describió perfectamente, aunque explica que allí viven también seres como nosotros, en un universo paralelo, pero compuesto de materia espiritual. En esencia nos habla del mundo de los difuntos que pulula a nuestro alrededor sin que ellos ni nosotros podamos mezclarnos, aunque en determinadas circunstancias los espíritus pueden cruzar esa barrera para ejercer su influencia.

Aunque creemos que las ceremonias vudú se efectúan siempre para hacer daño a alguien, la mayoría de las veces lo hacen para ponerse en contacto con los *loas*, los habitantes de ese mundo paralelo, pues les necesitan para que nos ayuden en nuestros problemas y para que actúen como intermediarios con el Creador. Una vez establecido el contacto durante una ceremonia, los *loas* emplearán diversos procedimientos para comunicarse con los humanos, especialmente durante el sueño, aunque en ocasiones también se aparecen durante las ceremonias. *El problema es que también se les convoca para fines maléficos, como matar a alguien o provocarle desgracias.*

Existen algunos grupos marginales, precisamente los más populares, que siguen fines perversos empleando métodos de brujería y que reciben el nombre de rituales *petro*. Eso lleva a establecer que hay un vudú que emplea la mano izquierda o la hechicería, y un vudú de mano derecha o verdadero vudú. Ambos tienen un jefe varón llamado Hougan (sanador de cuerpo y alma), o una mujer de nombre Mambo, cuya misión es mantener equilibradas las energías corporales y de la mente cuando el cuerpo está enfermo. Para lograrlo emplean hierbas medicinales y otros ingredientes siempre naturales, la mayoría de ellas apenas divulgadas popularmente, lo mismo que los rituales que se unen a la ingestión de las sustancias naturales. Estos sanadores intentan igualmente realizar exorcismos y ponerse en contacto con entes sobrenaturales e incluso se comunican con las almas de los difuntos, aunque como ya hemos dicho nunca emplearán sus habilidades con fines reprobables.

El Hougan, por tanto, vela por la salud de toda la comunidad e instruye en su técnica a los nuevos alumnos, mayormente en un lugar denominado como Houmfort, ejerciendo igualmente como consejero espiritual, protector en casos de desempleo o hambre, recibiendo para estos fines ayuda económica de la comunidad. Por supuesto, no están ociosos cuando no practican sus creencias, pues frecuentemente trabajan como ganaderos o labriegos, ya que su misión terrenal no le permite vivir sin trabajar.

Cuando alcanza la categoría de jefe de la comunidad puede poseer un *asson*, el bastón mágico que tiene poderes sobre los seres invisibles. Esencialmente es una calabaza pequeña llena de trozos de serpiente y de la cual se cuelga una campana que se hace sonar para llamar a los *loas*.

Zombis

El zombi es un no muerto, con aspecto humano pero cuyo cerebro solamente sigue las órdenes de su amo. Sedientos de comer carne humana viva, caminan lentamente por las ciudades en busca de un vivo con el que calmar su hambre insaciable. Inmunes a los golpes y a las balas, solamente se les puede matar quemándoles o cortándoles la cabeza. Nos puede parecer macabro, pero alguien nos tiene que explicar la extraña semejanza que existe con la frase evangélica cristiana de «Tomad y comed, ésta es mi carne; tomad y bebed, ésta es mi sangre», atribuida inicialmente a Jesús durante la última cena.

Ahora para la gente la palabra zombi se emplea más acertadamente, pues se dice de quien anda como dormido, aunque en Haití se sigue empleando para aquellos que creen ser muertos vivientes y para los niños que mueren antes de ser bautizados. No obstante, el miedo a que los muertos salgan de sus tumbas vistiendo sus harapos y mortajas sigue presente y hay pocas personas que se atrevan a entrar solas de noche y con Luna llena en un cementerio. Solamente el alcohol y la compañía de otras personas puede infundir el valor necesario para hacerlo.

Especialmente peligroso es hacerlo durante el día de los difuntos o en Halloween, pues *dicen que quien se encuentre con un zombi y le mire a los ojos se convertirá inmediatamente en otro muerto viviente.* Aunque las películas muestran que un zombi se muere mediante el contundente corte de su cabeza, parece ser que la sal en sus ojos es más eficaz.

Lo cierto es que la medicina posee numerosos ejemplos de personas muertas que han recobrado la vida inesperadamente incluso cuando estaban ya en su ataúd, lo que demuestra que el concepto zombi no es producto de la fantasía. Numerosas drogas producen un efecto de catalepsia y en la India es frecuente que se emplee para someter a los disidentes o para enterrar con vida a los parientes de un difunto poderoso. También hay quien asegura que ése fue el método empleado para traer a la mayoría de los esclavos africanos a Europa y América, especialmente a los más fuertes y rebeldes.

La técnica herbaria que se emplea para convertir a un vivo en un zombi es la siguiente: se mezclan varias plantas alucinógenas (opio, estramonio, digital, etc.) en dosis suficientes como para inducir a un estado letárgico al infeliz, además de un pez que solamente vive en aguas de Hawai y una flor de datura pulverizada, adquiriendo en ese momento el nombre de polvo de concobre. Esa poción es suficiente para dejar a la persona dormida profundamente durante varias horas, y cuando se despierte se encontrará con un estado mental de profunda confusión y docilidad. Con el paso de los días la víctima perderá el pelo, el apetito, se quedará pálida como un muerto y su metabolismo será tan bajo que su piel estará fría. Pronto dejará de respirar y será considerado como muerto y, por tanto, será enterrado. Si todo está debidamente planeado, el ataúd será lo suficientemente grande como para que pueda respirar cuando sus pulmones comiencen a moverse, lo que sucede después de cuatro o cinco días. Cuando se despierte, y si hay alguien que se encargue de abrir el ataúd, se levantará con un aspecto similar a cuando había muerto, aunque con la mortaja aún en su cara.

Esto es lo que se dice, pero ahora sabemos que las personas que fueron enterradas bajo los efectos del concobre oían lo que sucedía a su alrededor, pero no podían moverse ni articular palabra. Ellos recuerdan los lloros de los familiares, los martillazos cerrando el ataúd y hasta la tierra cuando se les enterraba en el cementerio. Lógicamente, esa experiencia tan aterradora les desequilibraba y cuando les sacaban su aspecto era horripilante y sobrecogedor. Pero un nuevo problema aparecía días después, cuando esa persona conseguía recobrar sus facultades, pues sus deseos de venganza eran tan intensos que no se paraba ante nada ni nadie. Si a su lado estaba alguien muy sagaz, le decía quién era el culpable de su estado, siempre un inocente, y así lograba que el zombi quitara de en medio a un enemigo.

Muñecas

Otro aspecto que ha dado fama tenebrosa al vudú son las muñecas con agujas clavadas en su cuerpo y en ocasiones en zonas tan estremecedoras como los ojos o el corazón. En las películas hemos visto caer al suelo presas de dolor a personas hasta entonces saludables, pero que han tenido la desgracia de enfrentarse a un experto en las prácticas vudú. Lo curioso del asunto es que esta secta es la única cuyas prácticas causan pavor a todo el mundo y nadie se sentirá a gusto si sabe que una muñeca vudú que le representa tiene agujas clavadas en su cuerpo. Hasta tal punto es así, que al menos los médicos que ejercen en Haití, o en lugares en donde hay expertos en vudú, saben del mal tan intenso que ejercen sobre las personas, aunque no se atreven a enfrentarse directamente contra ellos por razones obvias.

Afortunadamente, no estamos totalmente indefensos contra estos maleficios y disponemos de sortilegios, pinturas y objetos que nos pueden proteger contra los conjuros que nos desean la muerte. Antiguamente su influencia era aún mayor que ahora y cuando Duvalier tomó el poder en Haití declaró al vudú como religión oficial, más que nada para evitarse problemas con sus seguidores, aunque procuró eliminar el sistema para recuperar a los muertos y transformarlos en zombis.

El ritual

Para practicar el culto vudú basta con tener en casa una capilla familiar donde poder realizar los rituales de salutación a los *loas* del hogar y a las almas de los difuntos. No es necesario caer en trance ni adoptar una gran concentración, y es conveniente que todo esté presidido por una cruz que simbolice el árbol de la vida, la línea divisoria entre lo físico y lo etéreo, lo visible y lo invisible.

Sobre el altar podemos poner velas, figuras de santos, botellas de bebidas populares, incluso alcohólicas, piedras carbonizadas por un rayo, huesos, luces y flores, aunque sean artificiales. Junto a las paredes pondremos tambores tradicionales decorados de diferentes maneras, con músicos adecuados que ejercerán también como médiums.

El Houngan entonará unos cánticos en latín y estará auxiliado por un sonajero que marca el ritmo y llama a los invitados a que participen. Al cabo de una hora comienzan a sonar los tambores y ya no pararán hasta el final de la ceremonia, unas cinco o más horas después. Los cantos y los tambores tienen varios efectos y llenan de energía la sala, contribuyendo a que los asistentes estén aturdidos por el espectáculo.

Al pronto, el Houngan saluda a todos, toma un recipiente de agua y una botella con ron bendecido y vierte ambos en el suelo para saludar a los muertos. Después va hacia los tambores y gira alrededor de uno de ellos, vierte agua en él y bebe un poco de ron, rociando igualmente al músico que está tocando ese tambor.

Se dirige al centro de la sala para saludar al universo, vierte agua y ron en ese lugar, vuelve a beber un poco de ron y saluda de nuevo a todos. Después, los tambores aumentan su cadencia y su intensidad, y los asistentes comenzarán a moverse enloquecidos, libremente y como si estuvieran en trance. *Con los ojos cerrados o mirando al infinito, se comportan como poseídos por fuerzas extrañas y existe un momento en el cual un espíritu puede poseerle.* Este estado no es producto de ninguna sustancia química, ni por supuesto drogas, sino del ambiente y la expresión pura de sus deseos corporales. Lo podríamos comparar a la euforia que sienten los jóvenes en una discoteca cuando la música alcanza su máxima intensidad, el humo pone una neblina en la sala y las luces brillan y se mueven al ritmo de todos.

Súbitamente, y a una señal del Houngan, los tambores paran su frenético ritmo, se hacen más lentos y puede empezar entonces el sacrificio de algún animal. No obstante, en otras ocasiones no se le mata sino que servirá como enlace con el mundo de los espíritus, pues su forma de beber y comer dentro del círculo servirá de vaticinio para los asistentes.

Éste sería un ritual normal, pero frecuentemente no es tan inocuo y la crueldad con los animales puede alcanzar cotas sádicas y sangrientas, hasta el punto que se les tritura con las manos y se come su carne aún caliente. También es posible que el histerismo y el ambiente de algunos asistentes les lleve a desnudarse y efectuar delante de todos el acto sexual, a comer cristales, caminar sobre fuego o inmolarse voluntariamente en una hoguera.

EL «NECRONOMICÓN»

> «Nuestro trabajo es por consiguiente históricamente auténtico; el redescubrimiento de la tradición sumeria.»
>
> Aleister CROWLEY

Lovecraft

En la mitad del año 1920, en un bloque de viviendas en donde había instaladas varias tiendas de artículos de brujería, en el alto Brooklyn, vivió un callado y solitario autor de historias cortas, posteriormente divorciado, de nombre Howard Phillips Lovecraft. Nacido el 20 de agosto de 1890, llegó a conseguir un gran impacto en el mundo literario mediante sus pequeñas historias, que publicó en la revista *Cuentos Raros* en 1923.

Cuando murió, trágicamente, a la edad de cuarenta y seis años el 15 de marzo de 1937, víctima de un cáncer de intestino, estaba prácticamente solo. Aunque algunas personas de renombre, como Dashiell Hammett, se involucrarían en su obra, la antología de sus trabajos se publicó en el extranjero, donde adquirió el reconocimiento de ser denominado como «Padre del Horror Gótico», aunque realmente este nombre no le llegó hasta sus últimos años, con la reedición de sus trabajos publicados por varias editoriales.

En julio de 1975, en la publicación mensual *Atlántica*, apareció una historia titulada «Hay más cosas», escrita por Jorge

Luis Borges y dedicada «A la memoria de H. P. Lovecraft». Este gesto de un hombre de la categoría literaria de Borges es ciertamente una indicación de que Lovecraft ha ascendido finalmente a su lugar justo en la historia de la literatura americana, casi cuarenta años después de su muerte.

Lovecraft pintó un tipo de cristiano que forcejeaba con la mitología, como la luz con la oscuridad, o Dios contra Satanás. Algunos críticos pueden quejarse de que esto se aproxima a una herejía y que supone una bofetada al dogma cristiano genuino, pero para muchos sacerdotes y creyentes este dogma está desgraciadamente muy alejado del verdadero cristianismo. La idea de una guerra contra Satanás, y entre las otras entidades que poseen poder, es el equivalente al concepto de buenos y malos, algo que es común entre las iglesias ortodoxas del Este, en donde existe un diablo personal, así como un ángel igualmente personal.

Crowley

Y en el mismo año en que Lovecraft logró publicar en las páginas de *Cuentos Raros*, otro señor estaba viendo su nombre impreso; pero en la prensa británica. Las «Nuevas revelaciones siniestras», que hablaban de Aleister Crowley, se publicaron en las páginas del *Express* dominical e incluían testimonios que mencionaban asesinatos en la abadía de Thelema, en Cefalu, Sicilia. Los cuentos de horrores llenaron las páginas de los periódicos en Inglaterra durante semanas y meses, hablando de rituales satánicos, misas negras, sacrificios de animales e incluso sacrificios humanos, todo dentro de un ambiente de realidad que confundió al lector. Pero aunque muchas de las historias simplemente eran mentira o producto de la imaginación, una cosa era cierta: Aleister Crowley era un mago y un miembro del Primer Orden.

Nacido el 12 de octubre de 1875, en Inglaterra —en el mismo país de Shakespeare—, Edward Alejandro Crowley creció en una familia religiosa fundamentalista estricta, cuyos miembros formaban una secta llamada «Hermanos de Plymouth». La primera persona que comenzó a llamarle como «La Bestia 666», nombre por el cual se haría luego famoso, fue su madre, y él adoptó esa denominación en el futuro por sentimentalismo. Cambió su nombre de Aleister Crowley mientras todavía vivía en Cambridge, y adoptó luego el número «666» sin razón alguna, salvo para desconcertar.

Parece ser que él se creía la encarnación de un dios, uno antiguo, el vehículo de una nueva era en la historia del hombre, el Eón de Horus, inspirado en el dios Osiris. En 1904 recibió un mensaje, algo que Lovecraft podría haber considerado como «fuera del espacio», en el cual estaba la fórmula para un Nuevo Orden Mundial, un nuevo sistema de filosofía, de ciencia, arte y religión, aunque este nuevo orden tenía que empezar con la parte fundamental y el común denominador de todos los cuatro: la magia.

En 1937, el año en que Lovecraft murió, los nazis prohibieron las casas de ocultismo en Alemania, entre ellas las dos organizaciones que Crowley dirigía: el UN\UN y el O.T.O.; de esta última fundador y cabeza principal. Hay quienes creen que Crowley era, de algún modo, el mago oficial del Tercer Reich, por dos razones: una, que la idea del Nuevo Orden Mundial generalmente parece hablar de holocaustos y, dos, que se dice que había influido mucho en la mente de Adolf Hitler.

Pero mientras que parece casi cierto que Crowley y Hitler nunca se encontraron, se sabe que Hitler perteneció a varias casas de ocultismo en los primeros días de la Primera Guerra Mundial. Incluso el símbolo de una de éstas, el Thule Gesellschaft, que predicaba una doctrina de superioridad racial aria, era la esvástica que Hitler llegó a adoptar más tarde como símbolo. Sin embargo, es evidente que en muchos de sus escritos, especialmente los ensayos escritos en los finales de los años 30, Crowley parecía considerar al fenómeno nazi como una criatura de la cristiandad, en la cual no estaba incluido el anti-semitismo ni el resto de las locuras que caracterizaron a muchos de los dirigentes del Reich.

Distintos

Nosotros podemos comparar a la mayoría de las historias cortas de Lovecraft con los temas básicos del sistema diseñado por Crowley para sus ceremonias de magia. Pero mientras el mago poseía una estructura psicológica sofisticada, pensada para ponerse en contacto con nuestro ego superior mediante un proceso individual activo y dinámico, en Lovecraft solamente había literatura. Los estudiosos, por supuesto, pueden encontrar motivos más altos en las escrituras de Lovecraft, como puede hacerse con cualquier manifestación artística.

El «Necronomicón»

Según leemos en este legendario libro, hay dos «tipos» de dioses, básicamente, en la mitología: uno son los dioses mayores, sobre quienes no existe demasiada información por su parte, a menos que se trate de una raza estelar que de cuando en cuando viene al rescate del hombre y que corresponden al término cristiano de «luz». Los otros son los dioses antiguos, sobre los que se habla mucho, a veces con gran detalle, y que corresponden al término «oscuridad». Estos últimos son los dioses malos, que solamente desean calamidades y enferme-dades para la raza humana, y quienes constantemente se esfuerzan por irrumpir en nuestro mundo a través de una verja o puerta que les comunica con el exterior.

Hay ciertas personas, entre nosotros, que son devotos de los dioses antiguos y que intentan abrir la verja, para que estas organizaciones, evidentemente repulsivas, puedan gobernar la Tierra una vez más. El jefe de ellos es Cthulhu, representado como un monstruo del mar y que mora en la Gran Profundidad, una clase de océano negro; un ser que Lovecraft mencionaba como «el agua elemental».

Están también Azazoth, el dios del idiota ciego de Caoses, Yog Sothot; el compañero de Azathoth en Caoses, Shub Niggurath, «La cabra con mil años», y otros. Todos aparecen en varios momentos a lo largo de las historias del Cthulhu Mythos en formas aterradoras que muestran su fuerza y que ponen a prueba los recursos de los protagonistas para volver a poner las cosas infernales en el sitio de donde han venido. Hay mucha confusión y cierto terror cósmico primitivo en esas páginas, como si el autor estuviera tratando con algo que amenaza algo más que su propia seguridad física: su naturaleza espiritual.

Esta cosmología del horror está extendida frecuentemente en las páginas del «Necronomicón».

El «Necronomicón», según los cuentos de Lovecraft, es un volumen escrito en Damasco en el siglo VIII por una persona denominada como «árabe enfadado», de nombre Abdul Alhazred. Tiene el equivalente a 800 páginas y posee varias historias, todas ellas traducidas, copiadas y reimpresas en varios idiomas, entre ellos latín, griego e inglés. Literatos y estudiosos como Dee, el famoso mago de la reina Isabel I, habían poseído una copia y la tradujeron.

Este libro, según la leyenda, contiene las fórmulas para evocar cosas increíbles y hacerlas visibles, como seres y monstruos que moran en el Abismo y el Espacio Exterior de la psique humana. Tal libro ha existido de hecho, y existe. Idries Shah nos cuenta su búsqueda para conseguir una copia del «Libro del Poder» escrito por el mago árabe Abdul-Kadir, del que sólo hay una copia encontrada hasta ahora.

El libro «Llaves de Salomón» tenía una reputación similar, lo mismo que «El Magus» de Barret, aunque todos estos trabajos han sido objeto de varias reimpresiones en los últimos quince años. Se decía que el Alba Dorada, una casa mágica británica del pasado siglo XIX, había poseído un manuscrito llamado «Los Velos de la Existencia Negativa», escrito por otro árabe.

Todos éstos eran los manuales del hechicero, que generalmente no se consideraban como libros de texto o enciclopedias de magia ceremonial. En otras palabras, el hechicero o mago se supone que ya está en posesión del conocimiento requerido y entrenado lo suficiente como para llevar a cabo un ritual de magia complejo.

Los «grimoires», o libros negros, simplemente eran variaciones de ese mismo tema, como lo son los libros de cocina, recopilaciones de archivos diferentes que habían elaborado magos anteriores. En ellos se hablaba de los espíritus que habían convocado y los éxitos que tuvieron. Se espera que los magos que ahora lean estos trabajos puedan separar el trigo de la paja, alejándose de modas y noticias sensacionalistas. Como un alquimista experimentado, hay que vislumbrar los errores escritos para esclarecer todo.

Por consiguiente, *supone un acto de locura para el aprendiz meterse a realizar trabajos con la magia ceremonial empleando las «Llaves de Salomón» o conjuros milenarios sin el debido asesoramiento.* También sería una tontería recoger los consejos de la magia de Crowley, su teoría y práctica, con la misma intención. Ambos libros no son para principiantes, un punto en el cual nunca insistiremos bastante. Desgraciadamente, quizá, el «Necronomicón» no les proporciona el mismo recelo y pavor que otros tratados, pero está dentro de esa misma categoría.

La magia de Crowley era un testimonio de lo que él había encontrado en sus investigaciones de lo prohibido, y también de aquello que estaba olvidado y que pertenecía a civilizaciones de tiempos pasados. Su «Libro de la Ley» lo escribió en El Cairo en la primavera de 1904, cuando creyó que estaba en contacto con los Aiwass, unas inteligencias infrahumanas que supuestamente le dictaron los tres capítulos que constituyen el libro. Le influyó más que cualquier otro, y durante el resto de su vida estuvo intentando entenderlo totalmente, con la intención de mostrar al mundo su mensaje. También contiene el formulario necesario para convocar lo invisible en la visibilidad y los secretos de las transformaciones que están ocultos dentro de sus páginas. Éste es el auténtico «Necronomicón» de Crowley, recibido en Oriente Medio a la sombra de la Gran Pirámide de Gizeh, y en él no solamente está escrita la belleza, sino la bestia que todavía espera salir.

Hay muchos terrores todavía en nuestro ego, y un abismo para cruzar antes de que la victoria pueda declararse. Demonios, vampiros, sanguijuelas psíquicas, formas horribles se dirigen al mago ambicioso de cada sistema, de cada país, alrededor de la circunferencia del círculo de la magia, y deben destruirse para que no puedan devorar al mago. Cuando Crowley se dedicó a esa profesión tras haber pasado muchos obstáculos y cruzó el abismo del conocimiento y encontró su verdadero ego, se dio cuenta que era idéntico a la Bestia 666 del «Libro de la Revelación», a quien la cristiandad considera que representa al Diablo. De hecho, Crowley tenía admiración nada más que hacia Shaitan (Satanás), a quien llamaban «el diablo que rinde culto a», en el culto de los Yezidis de Mesopotamia. Él se dio cuenta que los Yezidis poseían un gran secreto y una gran tradición que se extienden más allá de los tiempos, más allá del origen del Sol de Osiris, Mithra y Cristo; incluso antes de la formación de la religión judaica y la lengua hebrea. Crowley escuchó esto antes de adorar a la Luna, a la «Sombra Fuera del Tiempo».

Sumeria

Que un autor solitario de historias cortas que vivió en un suburbio oscuro de Nueva Inglaterra, y un mago maníaco e infame que consideraba al mundo su casa, se hayan encontrado en las basuras arenosas de alguna civilización olvidada, parece increíble. Que ellos dos se hayan convertido en los profetas y precursores de un nuevo eón de la historia del hombre es igualmente, si no más, increíble.

H. P. Lovecraft y Aleister Crowley tenían un sentido increíble de la vida. Estos dos hombres, aclamados como genios por sus seguidores y admiradores, que nunca realmente fueron bien recibidos en vida, recorrieron medio mundo con sus botas de siete leguas y se encontraron en una tierra común: Sumeria.

Sumeria es el nombre dado a una civilización floreciente que existió en lo que es ahora conocido como Irak, en el área llamada por los griegos Mesopotamia y por los árabes como, simplemente, La Isla, porque existió entre dos ríos, el Tigris y el Éufrates, que corren bajo las montañas hasta el golfo Pérsico. Éste es el sitio de la ciudad legendaria de Babilonia, así como de Chaldees y Kish, con Nínive al norte. Cada una de las siete ciudades principales de Sumeria fue gobernada por una deidad diferente, identificadas en el idioma sumerio con la raza aria, y se han mencionado como idénticas muchas palabras escritas en sánscrito e incluso en chino.

Respecto a la raza aria, tan devaluada a causa de Hitler, se trata de un pueblo que habitó en el centro de Asia, del cual proceden los pueblos jaféticos o indoeuropeos. Esta templada región asiática estuvo habitada por diferentes tribus arias que poco a poco abandonaron la región en busca de dos lugares diferentes: una se dirigió al oeste de Asia y Europa, adoptando allí el nombre de celtas, germanos, eslavos, etc. La otra cruzó la cordillera del Himalaya occidental y el Indu Koh, ocupando el territorio del Penjab, fundando allí su nueva patria, a la que llamaron Hepta-Hindu. Desde el siglo XIV al X a.C. ocuparon el Indostán, tomando el nombre de «hindúes» o «indos» o «indios».

Pero nadie sabe de dónde proceden los sumerios y lo único cierto es que desaparecieron misteriosamente después de las invasiones asirias que diezmaron su cultura y les absorbieron mucho de su mitología y religión, hasta tal punto que el sumerio se convirtió en el idioma oficial de la Iglesia estatal, del mismo modo que el latín es hoy el de la Iglesia católica romana. Ellos tenían una lista de sus reyes antes del diluvio y escribieron crónicas cuidadosamente, como hicieron otras muchas civilizaciones antiguas alrededor del mundo. Se cree que tenían un sistema sofisticado de astronomía (y astrología), así como un ritual igualmente religioso.

La magia también figura en su historia, casi al mismo tiempo que en el mundo occidental, y podemos ver aún las lápidas cuneiformes enterradas en la arena que demuestran estas prácticas. En ellas vemos el primer exorcismo, las primeras invocaciones rituales de deidades planetarias, las primeras manifestaciones de poderes oscuros e, irónicamente, las primeras hogueras de esas personas que los antropólogos llaman «brujas».

Multitud de monstruos y demonios

El mito de Lovecraft trata de lo que son las deidades más conocidas, es decir, los dioses del hampa y diosas, como el Leviatán del Viejo Testamento. En estos textos se menciona «el katonic», el famoso río Miskatonic de Lovecraft y la Universidad de Miskatonic, por no mencionar la deidad principal de su panteón, Cthulhu. Éste es un monstruo del mar que «no está muerto, pero soñamos con él» y que mora debajo del mundo, un lugar del que nadie ha vuelto. Se trata, según dicen, de un antiguo enemigo de la Humanidad y por supuesto de una raza inteligente.

Cthulhu está acompañado por un surtido de grotescas bestias, como Azathot y Shub Niggurath. Tiene gran importancia para los estudiosos de tantas deidades ocultas, por lo menos para clarificar el nombre, y, que sepamos, todas pertenecen a la tradición sumeria, idéntica a la del mago Aleister Crowley.

El Hampa en el sumerio antiguo era conocido por muchos nombres, entre ellos Absu o «Abismo», a veces como Nar Mattaru, el Gran Océano del Hampa, y también como Cutha o

Kutu, como se llama en el «Enuma Elish» (el libro épico de la Creación para los sumerios). La similitud fonética entre Cutha o Kutu y Chthonic, así como Cthulhu, puede ser solamente casualidad. Si tenemos a mano una gramática sumeria, la palabra Kutulu o Cuthalu (el Cthulhu de Lovecraft) significará «El Hombre de Kutu» (Cutha), el Hombre del Hampa, Satanás o Shaitan, aunque se le conoce también como Yezidis.

La lista de similitudes, ambos entre las creaciones de Lovecraft y los dioses sumerios, así como entre los mitos de Lovecraft y la magia de Crowley, puede seguir casi indefinidamente y no disponemos de tanto espacio para ello. Un examen exhaustivo del ocultismo de Crowley, según los recientes hallazgos acerca de Sumeria, y la revisión de las historias de Lovecraft están ya disponibles en algunos países.

Aunque existe una lista que contiene las diversas entidades y conceptos de Lovecraft, Crowley y Sumeria, el problema es encontrar la relación que existe entre ellas, algunas ciertamente asombrosas. Azathot se menciona en las páginas austeras del «Cthulhu Mythos» y aparece en el «Necronomicón» como Azag-Thoth, una combinación de dos palabras, la primera sumeria y la segunda copta, esta última un arte egipcio que floreció tras las invasiones árabes. Azag en los medios sumerios significa «encantador» o «mago»; Thoth en cóptico es el nombre dado al dios egipcio de Magia y Sabiduría Tahuti, que fue evocado por el Alba Dorada y por el propio Crowley, y conocido por los griegos como Hermes, de donde nosotros sacamos «hermético».

El testimonio del árabe Mad

«Éste es el testimonio de todo lo que he visto, y todo lo que he aprendido, durante esos años que he poseído las Tres Focas de MASSHU. Yo he visto mil y una lunas, y ciertamente esto es bastante para el palmo de la vida de un hombre, aunque se dice que los profetas vivieron más tiempo. Yo estoy débil y

enfermo, y tengo un gran cansancio y agotamiento, y apenas un suspiro se mantiene en mi pecho como una linterna oscura.

Estoy viejo y los lobos llevan mi nombre en sus discursos de la media noche, y una voz callada y sutil está convocándome a lo lejos. Sé que una voz más íntima gritará en mi oreja con impaciencia malvada. El peso de mi alma decidirá su lugar para descansar al final, pero antes de ese tiempo debo soltar aquí todos los horrores que he visto. Ellos se acercan furtivamente y esperan a la puerta de cada hombre, pero este hombre viejo que va a morir no se ha olvidado de sus semejantes ni de los dioses.

Si yo no termino esta tarea, deberán coger mis escritos y descubrir el resto, pero el tiempo es corto y la humanidad no sabe ni entiende el mal que le espera, de cada lado de cada verja, de cada barrera rota, de cada rincón de la locura. Para eso están este "Libro del Muerto" y este "Libro de la Tierra Negra", que yo he escrito antes con peligro de mi vida, exactamente cuando recibí mi inspiración de los IGIGI, los espíritus celestiales crueles del más allá.

Permitan todos los que lean mis libros que les advierta que la habitación de los hombres es vista y es inspeccionada por esa raza antigua de dioses y demonios desde que existen en la Tierra. Ellos buscan venganza por perder la batalla que tuvo lugar en alguna parte del cosmos y les apartó del mundo antes de la creación del hombre, cuando los dioses mayores caminaban por el espacio.

Sepan, entonces, que yo he pisado todas las zonas de los dioses, y también los lugares del Azonei, y he descendido hacia los lugares sucios de la muerte y la sed eterna que pueden alcanzarse a través de la verja de GANZIR. Ésta fue construida cuando existía la ciudad de Babilonia.

Sepan, también, que he hablado de todas las maneras con los espíritus y demonios cuyos nombres ya son conocidos por el hombre, y también con los desconocidos. Aunque ya soy viejo, todavía puedo conversar con cualquier otro. ¡ANU, ten misericordia de mi alma!

He visto las Tierras Desconocidas que ningún mapa ha trazado nunca. He vivido en los desiertos y los terrenos baldíos, y hablado con los demonios y las almas de hombres muertos, y de mujeres que tienen abortos, pues son víctimas del demonio hembra LAMMASHTA.

He viajado bajo los mares, en busca del palacio de nuestro Amo, y he encontrado piedras de monumentos de civilizaciones perdidas, y descifrado algunas escrituras, mientras todavía otras siguen siendo misterios para cualquier hombre vivo. Y estas civilizaciones fueron destruidas debido al conocimiento que muestro ahora en este libro.

He viajado entre las estrellas y temblado ante los dioses. Yo, por fin, he encontrado la fórmula por la que pasé la verja ARZIR y entré en los reinos prohibidos del IGIGI. He criado demonios y muertos. He convocado los fantasmas de mis antepasados y los he llevado a la apariencia real y visible en las cimas de los templos construidos para alcanzar las estrellas y para tocar las cavidades más abajo del Averno.

He luchado contra el mago negro Azag-Thoth en vano, quien huyó a la tierra llamada INANNA con su hermano MARDUK, Señor del Hacha de doble cabeza. He levantado ejércitos contra las Tierras del Este, convocando las hordas de demonios que están sujetos a mí, y así he llegado hasta NGAA, el dios de los paganos que respira llamas y ruge como mil truenos.

He encontrado miedo. He encontrado la verja que lleva al exterior, por la que los dioses antiguos que buscan entrar a nuestro mundo esperan con su reloj eterno. He olido el vapor de esa antigua diosa, la Reina del Exterior, cuyo nombre está escrito en el texto de MAGAN el terrible, un testamento de alguna civilización muerta cuyos sacerdotes buscaban poder y abrir sin miedo la verja mala durante una hora más allá del tiempo.

Yo vine a poseer este conocimiento a través de circunstancias bastante peculiares, mientras todavía era el hijo iletrado de un pastor en lo que se llamó Mesopotamia por los griegos. Cuando era solamente un joven, traspasé solo las montañas hacia el Este, llamada Masshu por las personas que viven allí, y descubrí una piedra gris tallada con tres símbolos extraños. Estaba de pie tan alta como un hombre y tan ancha como un toro. Estaba firmemente en la tierra y no podía moverla.

Mirando los grabados que tenía, pensé que por lo menos podría ser el trabajo de un rey para marcar alguna victoria antigua contra un enemigo. Construí un fuego al pie para protegerme de los lobos que vagan en esas regiones y me fui a dormir, porque era de noche y estaba lejos de mi pueblo llamado Durrabia. Cuando faltaban aproximadamente tres horas del alba, el sábado día 19, fui despertado por el aullido de un perro, quizá de un lobo, aunque no era un sonido muy fuerte. El fuego todavía tenía algunas ascuas, y varios carbones rojos, y su aún luz resplandeciente lanzaba una sombra débil, que se movía como bailando por el monumento de la piedra con las tres entalladuras.

Empecé a darme prisa para construir otro fuego cuando, en seguida, la piedra gris comenzó a subir despacio en el aire, como si fuera una paloma. Yo no me podía mover ni hablar del miedo que subía por mi columna y que envolvía los dedos fríos alrededor de mi cráneo. En ese momento oí una voz, suavemente, a poca distancia, y un miedo más práctico, pues pensé en la posibilidad de unos ladrones, me entró y pude esconderme entonces detrás de algunas cizañas y rocas. Otra voz se unió a la primera, y pronto varios hombres con las túnicas negras de ladrones se apoderaron del lugar donde yo había acampado y rodearon la piedra flotante sin mostrar ningún miedo.

Yo podía ver ahora claramente que las tres entalladuras del monumento de piedra estaban brillando con una llama de color rojo, como si la piedra estuviera ardiendo. Las figuras estaban murmurando juntas en oración o invocando, pero apenas conseguía oírlas hablar, y lo hacían en alguna lengua desconocida. Sin embargo, Anu tuvo misericordia de mi alma, pues estos rituales no eran desconocidos para mí.

Las figuras, que apenas podía ver o reconocer, empezaron a dar pasos salvajes en el aire con cuchillos que brillaban fríos y afilados en la noche montañesa. Debajo de la piedra flotante, fuera de la misma tierra donde se habían sentado, había la cola de una serpiente. Esta serpiente era ciertamente más grande que cualquiera que yo hubiera visto alguna vez. La sección más delgada era como los brazos de dos hombres, y cuando salió de la tierra fue seguida por otra, aunque el extremo de la primera no podía verse, pues estaba dentro del mismo hoyo. A estas dos siguieron más y la tierra empezó a temblar bajo la presión de tantas serpientes enormes. Los cantos de los sacerdotes, porque yo los reconocí como sirvientes de algún poder oculto, se volvieron mucho más ruidosos y casi histéricos.

¡IA! ¡IA! ¡ZI AZAG! ¡IA! ¡IA!! ¡ZI AZKAK! ¡IA! ¡IA! ¡KUTULU ZI KUR! ¡IA!

La tierra donde estaba escondido aparecía mojada con alguna sustancia, aunque yo seguía pendiente de la escena que estaba presenciando. Toqué la maleza y la encontré con sangre. Horrorizado, grité y delaté mi presencia a los sacerdotes. Ellos se volvieron hacia mí, y vi con horror que habían cortado sus pechos con las dagas que habían usado para levantar la piedra, para algún propósito místico que en ese momento no pude adivinar. Luego supe que esa sangre era la comida de esos espíritus recogida en el campo después de las batallas de guerra. Con una luz antinatural en el ambiente, las manifestaciones de los espíritus alimentándose y las miradas puestas en mí, me obligaron a tomar una decisión y grité: "¡Que ANU nos proteja a todos!"

Mi grito tuvo el efecto de parar el ritual y sus cantos y ocasionar cierto desorden. Corrí entonces a través del camino montañés por el que había venido, siendo perseguido por los sacerdotes, aunque algunos decidieron quedarse detrás, quizá

*para terminar los ritos. Sin embargo, cuando corrí ferozmente
cuesta abajo en la noche fría, mi corazón parecía salirse del
pecho y mi cabeza creció y se puso caliente, mientras el sonido
de las piedras crujiendo y potentes truenos venían detrás de
mí y agitaban la misma tierra por la que corría. Preso de
miedo, y a causa de mi prisa, me caí al suelo.*

*Una vez que me levanté, me volví para enfrentarme al
sacerdote que venía tras de mí, aunque me encontraba desar-
mado. Para mi sorpresa, lo que vi no era ningún sacerdote
antiguo con cara demoníaca, ni ninguna persona necromán-
tica de algún arte prohibido, sino una túnica negra caída entre
el césped y las cizañas, sin que hubiera presencia de vida o
cuerpo bajo ella. Caminé cautamente al principio y, recogiendo una ramita larga, alcé la túnica después de desenre-
darla de cizañas y espinas. Todo lo que permanecía del sacerdote era una gran cantidad de lodo, como aceite verde, y el
olor de un cuerpo comenzando a pudrirse al sol. Semejante
hedor me dejó aturdido, pero en ese momento ya estaba
resuelto a encontrar a los otros, para ver si habían tenido el
mismo destino.*

*Caminando cuesta arriba tuve que dominar el intenso
miedo que me albergaba, pues esperaba verlos aparecer bruscamente en mi persecución. Pronto me encontré con otro de
los sacerdotes oscuros, en la misma condición que el primero.
Pasé de largo y miré furtivamente la túnica, aunque evité
tocarla. Entonces, descubrí el monumento de piedra gris que
había salido de manera tan extraña en el aire obedeciendo a
una orden de los sacerdotes. Ahora estaba de nuevo en tierra,
pero las entalladuras todavía brillaban con luz sobrenatural.
Las serpientes, o lo que yo tenía entonces como serpientes,
habían desaparecido, pero las ascuas muertas del fuego,
ahora frío y negro, se habían convertido en un plato de metal
brillante. Lo recogí y lo encontré tallado, como la piedra, pero
de modo muy complicado, con unos grabados que no pude
entender. No tenía las mismas marcas de la piedra, pero tuve*

el presentimiento de que podría leer casi todos los caracteres, pero no lo conseguí, como si hubiera sabido en otra época esa lengua pero ahora la tuviera ya olvidada.

Mi cabeza me empezaba a doler como si un diablo estuviera golpeando mi cráneo, cuando un rayo de luz de la Luna llegó hasta el amuleto de metal. En ese momento supe lo que era, y una voz entró en mi cabeza y me dijo los secretos de la escena que había presenciado momentos antes, aunque solamente empleó una palabra: KUTULU.

En ese momento, como si susurrara furiosamente en mi oreja, yo entendí el significado completo.

Éstas son las señales talladas en la piedra gris que no era otra cosa que la Verja Exterior y que están grabadas en el amuleto que llevo desde ese día alrededor de mi cuello:

De los tres símbolos tallados, el primero es la señal de nuestra raza más allá de las estrellas, y se llama ARRA en la lengua del escriba que me lo enseñó, emisario del Dios Mayor, aunque en la lengua de la mayor ciudad de Babilonia era simplemente R. Es el Sello del Convenio de los Dioses Mayores, y cuando ellos lo miran no se olvidarán de nosotros. Así lo han jurado: ¡Espíritu de los Cielos, recuerda!

El segundo es la señal mayor, y es la llave con la cual pueden convocarse los poderes de los dioses mayores, cuando se emplean las palabras y formas apropiadas. Tiene un nombre, y se llama AGGA.

La tercera señal es el Sello del Brujo y se llama BANDAR. El brujo es una raza enviada por los dioses mayores. Se mantiene despierto mientras dormimos, con tal de que el ritual sea apropiado y el sacrificio esté realizado.

Estas cosas, para que sean eficaces, deben ser grabadas en piedra y ponerse en la tierra, aunque también puede ponerlas en el altar de las ofrendas, o llevadas a la roca de las invocaciones. Igualmente, puede grabarlas en el metal del dios de uno o la diosa, y puestas en el cuello, pero escondidas de la vista del profano. De las tres, pueden usarse el ARRA y el

AGGA separadamente; es decir, individualmente y exclusivamente. El BANDAR, sin embargo, nunca debe usarse exclusivamente, sino con uno o los otros dos, porque el brujo necesita ser recordado.

¡KAKAMMU! es el convenio que ha jurado con los dioses mayores y nuestra raza, y de no ser así se volverá contra usted y le matará, así como a su pueblo. Esto ocurrirá hasta que sea recordado de nuevo por los dioses mayores por las lágrimas de las personas y los gemidos de las mujeres.

El amuleto de metal que recuperé de las cenizas del fuego, y que fue bañado por la luz de la Luna, es una medalla potente contra cualquier cosa que pueda venir desde la Verja Exterior, y si ocurre así los invasores se retirarán solamente si coge la luz de la Luna en su superficie en los días oscuros de la Luna, o tras una nube. Puede existir una pequeña protección contra los demonios de las Tierras Antiguas si ellos deciden romper la barrera, o han dejado entrar a sus sirvientes en la tierra. En semejante caso, ningún recurso será efectuado hasta que la luz de la Luna brille en la tierra, porque la Luna es el símbolo estrellado de nuestro pacto. ¡NANNA, padre de los dioses, recuerda!

Antes, el amuleto debe grabarse con plata pura a la luz de la Luna llena para que el brillo lo ponga en funcionamiento, y así puedan efectuarse los encantamientos y los rituales prescritos, como se explica en el libro. Este amuleto nunca debe exponerse a la luz del Sol, porque si no SHAMMASH, llamado UDU, en su celo, robará la medalla de poder. En caso semejante, debe bañarse en agua de alcanfor, y los encantamientos y rituales realizarse una vez más, aunque posiblemente sea mejor grabar otro.

Estos secretos yo los doy con gran dolor, y nunca fueron revelados al profano, o a los desterrados, ni a los adoradores de la Serpiente Antigua, sino que han permanecido durante mucho tiempo dentro de mi corazón, siempre silencioso en estas cosas. ¡La paz sea contigo!

*De aquí en adelante, desde esa noche fatal en las monta-
ñas de MASSHU, vagué por todo el país de un lado a otro, en
busca de la llave del conocimiento que tan confidencialmente
se me había dado. Después de una larga y dolorosa jornada
decidí no tomar ninguna esposa, llamar a ninguna casa o pueblo, y visité varios países, a menudo viviendo en cuevas o en
los desiertos, aprendiendo varias lenguas como solamente un
viajero podría aprenderlas, negociando con las gentes y
aprendiendo de sus noticias y costumbres.*

*Pero mi trato estaba con los poderes que residen en cada
uno de estos países. Por eso pronto llegué a entender muchas
cosas que antes ni siquiera sabía de su existencia, excep-
tuando quizá en mis sueños. Los amigos de mi juventud me
abandonaron, y yo a ellos. Cuando llevaba siete años fuera de
mi familia, supe que todos ellos habían muerto por razones
que nadie pudo decirme; aparentemente parecía que habían
sido víctimas de alguna epidemia extraña.*

*Seguí vagando como un mendigo, alimentándome de pue-
blo en pueblo con la comida que las personas locales me
daban por caridad, apedreándome sus habitantes con frecuencia y amenazándome con el encarcelamiento. En ocasiones, pude convencer a algún hombre sabio que en realidad yo
era un estudioso sincero, y me fue permitido leer los archivos
antiguos para saber nuevos detalles de la necromancia, la
hechicería, la magia y la alquimia. Aprendí los hechizos que
causan enfermedades en los hombres, la plaga, ceguera,
locura y la muerte. También aprendí las distintas clases de
demonios y dioses malos que existen, y sobre las leyendas viejas acerca de los dioses antiguos. Así conseguí armarme contra la diablesa LAMMASHTA, que es denominada como la
Espada que se Hunde en el Cráneo, una visión terrorífica que
produce una muerte dolorosa y prolongada.*

*Más adelante, aprendí los nombres y propiedades de todos
los demonios, diablos y monstruos que existen entre nosotros
y que menciono en el "Libro de la Tierra Negra". Aprendí de*

los poderes de los dioses astrales y cómo convocar su ayuda en tiempos de necesidad. También aprendí sobre los seres espantosos que moran más allá de los espíritus astrales y que guardan la entrada al Templo Perdido, los Días Antiguos y los Dioses Antiguos, cuyo nombre no puedo escribir aquí.

En mis ceremonias solitarias en las colinas, rindiendo culto con fuego y espada, con agua y daga, y con la ayuda de un césped extraño que crece salvaje en ciertas partes de MASSHU, con el cual había construido mi fuego inconscientemente antes de la piedra, supe que ese césped da gran poder a la mente para viajar a tremendas distancias en los cielos, aunque también a los infiernos. Allí recibí el formulario para los amuletos y talismanes que poseo, que proporcionan un salvoconducto para que el sacerdote pueda viajar en busca de la sabiduría.

Pero ahora, después de mil y una jornadas, los Maskim me pisan los talones, los Rabishu me tiran del pelo, Lammashta abre sus pavorosas mandíbulas, AZAG-THOTH goza ciegamente en su trono, KUTULU levanta su cabeza y pone la mirada fija a través de los velos de Sunkun Varloorni, a través del Abismo, y no deja de mirarme fijamente.

Por eso debo darme prisa en escribir estos hechos, pues aparecen ante mí como si yo hubiera fallado en algunas consideraciones acerca del orden de los ritos, en la fórmula o en los sacrificios, pues ahora ellos aparecen como si el organizador entero de ERESHKIGAL esperase, soñando y babeando, con mi salida. Yo rezo a los dioses para que me salven y no perecer, como le ocurrió al sacerdote Abdul Ben-Martu en Jerusalén (que los dioses le recuerden y tengan misericordia de él).

Mi destino no es muy largo en el cuaderno de la vida, porque he roto el Chaldean Covenant buscando tener el poder del Zonei. He puesto pie en la Luna, y la Luna ya no tiene poder sobre mí. Las líneas de mi vida han sido cortadas y están torcidas a causa de mis vagabundeos, aunque estoy seguro que figuran escritas por los dioses en las cartas de los cielos. Ahora puedo oír a los lobos que aúllan en las montañas cuando salen en esta noche fatal, y me llaman por mi nombre. Yo temo por mi carne, pero temo más por mi espíritu.

Siempre recuerdo en cada momento de soledad, llamo a los dioses para no olvidarme de ellos, porque ellos están lejos y ya me han olvidado. Veo su luz en lo alto de las colinas, y en las cimas de los templos y pirámides, y subo allí para que me puedan ver y me recuerden.

Siempre trato de recordar y copiar cada una de las fórmulas que he aprendido, tratando de no cambiar ni una sola línea o punto. No me preocupa el pelo que ya he perdido, pues a todos se nos cae, sino la visión de una estrella rota delante de la Verja de Ganzir, la Verja de la Muerte o la Verja de las Sombras.

Le pido que recite los encantamientos tal como los he escrito y como antes se han escrito. Prepare los rituales sin equivocarse y en los lugares apropiados y el tiempo del sacrificio.

¡Los dioses sean en la vida misericordiosos hacia usted!

¡Procure escaparse de las mandíbulas del MASKIM, y venza el poder de los Dioses Antiguos!

¡Y los dioses le concederán vencer a la muerte ante las leyes antiguas de la Tierra!

¡KAKAMMU! ¡SELAH!»

Plantas medicinales

Las plantas medicinales han formado parte esencial e inseparable de toda la magia, tanto negra como blanca, y no es posible llegar a ser un buen maestro sin dominar perfectamente la herboterapia. Afortunadamente, el legado sobre su uso y aplicaciones es tan milenario, que el practicante no tendrá ninguna dificultad para manejarlas correctamente.

No menosprecie objetos tan tradicionales como el caldero mágico, ni la quema de hierbas aromáticas y ni siquiera las populares pociones mágicas que son capaces de que nos enamoremos de la persona más desagradable. Detrás de todas estas prácticas ancestrales hay mucho de verdad.

La siguiente lista se refiere a aquellos aromas que producen sensaciones especiales en las personas por el simple hecho de inhalarlos. Pueden emplearse en forma de perfumes sutiles o quemando unas ramas de la planta en cuestión para que esparza sus aromas por el ambiente. También se puede poner un saquito de planta machacada debajo de la almohada e incluso aromatizar un baño reconfortante.

Éstas son las aplicaciones más importantes:

Ajedrea:
Nos libera la mente de pensamientos destructivos, de tensiones, y nos ayuda a estar en armonía con todos. Es afrodisíaca, mejora la fatiga mental, los espasmos digestivos y la fatiga sexual.

Ajo:
Eficaz contra el mal de ojo y estimulante. Alivia los corazones cansados, baja la tensión arterial, es adecuado para las pesadillas nocturnas y protege el hogar de los demonios y vampiros.

Albahaca:
Fortalece las glándulas suprarrenales, estimula el sistema nervioso y provoca la menstruación. Aleja a los mosquitos.

Anís:
He aquí una esencia muy estimulante, con poderes limpiadores y protectores.

Artemisa:
Regula las funciones ováricas y mejora las secreciones biliares. Nos ayuda a comunicarnos con las diosas.

Bergamota:
Es un activador del bronceado de muy agradable olor.

Canela:
Es afrodisíaco femenino, corrige la astenia y los flujos vaginales excesivos. Da un intenso color a las mejillas y proporciona cierto escudo personal.

Ciprés:
Ideal para mejorar las varices y hemorroides. Nos facilita la comprensión de la muerte.

Clavo:
Se trata de una hierba de prosperidad y nos ayuda a pensar con claridad. Potente anestésico, por lo que si quieres evitar una eyaculación precoz puedes emplearlo allí donde exista mucha sensibilidad. Ten cuidado porque es muy activo, así que con una sola gota es suficiente.

Enebro:
Es tónico, sudorífico y mejora las menstruaciones dolorosas.

Eucalipto:
Es bien sabido su efecto en casos de catarros o bronquitis. Efectúa un buen masaje en el tórax.

Geranio:
Ideal para aplicarlo en el campo, ya que repele a los insectos. Es muy aromático, tónico, mejora la fertilidad y ayuda a mantener los senos elevados.

Hisopo:
Cura las alergias de un modo espectacular. Aumenta la tensión arterial y provoca el período.

Incienso:
Nos lleva a otros mundos y nos ayuda a aislarnos de nuestro entorno. Se puede quemar en cualquier lugar, pero hay que apagarlo cuando la casa está vacía. Para apagarlo correctamente y volver a utilizarlo, introdúcelo en un poco de sal marina.

Laurel:
Ha servido de corona para los emperadores y filósofos. Sirve para mejorar la calidad de los trabajos psíquicos, además de ser un complemento en las hogueras purificadoras.

Lavanda:
El espliego es casi lo mismo y ambos son el aroma más adecuado para el relax y la concordia. Controla las taquicar-

dias excesivas, la histeria, la neurastenia y hasta los corazones delicados.

Limón:
Ideal para dolores de cabeza. Quita verrugas, calma picaduras de insectos, elimina arrugas y evita el envejecimiento prematuro.

Manzanilla:
Mejora las depresiones, el insomnio, los dolores de cabeza y las molestias gástricas.

Mejorana:
Nos da energía positiva y moderación en el amor. Solamente utilízala si tu pareja es demasiado fogosa y eso te crea problemas, ya que apacigua un poco las pasiones desatadas, y eso mismo vale para el lúpulo. Ayuda a reforzar los vínculos espirituales cuando los sexuales están exagerados.

Melisa:
Ésta es una esencia que no puede faltar allá donde exista una mujer necesitada de amor. Corrige la mayoría de los problemas de carácter y estabiliza las funciones hormonales. Se empleará como aroma para culminar cualquier trabajo importante.

Menta:
Es estimulante, afrodisíaca, combate el insomnio, provoca el período y mejora las funciones hepáticas.

Naranjo amargo:
También lo puedes encontrar bajo el nombre de azahar. Favorece el sueño y se emplea justo al final de un ritual agotador.

Orégano:
Las indicaciones son las mismas que para la mejorana, así que solamente utilízala si tu pareja femenina tiende a la infidelidad. Procúrate una colonia con esta esencia y ofrécesela como regalo espontáneo a tu pareja.

Romero:
Debería ser una hierba habitual en todos los hogares. Nos ayuda a ser agradecidos, a proteger y a que se curen

nuestras enfermedades. Es un buen estimulante, ligero afrodisíaco, mejora las funciones biliares, alivia los dolores reumáticos, sube la tensión, elimina la fatiga, las jaquecas, y baja el colesterol.

Salvia:
Es el aroma de la sabiduría, de la paciencia y del aprendizaje. Es la mejor esencia para la mujer. Activa su sistema endocrino, mejora su salud en general, suaviza las arrugas, aumenta la tensión, estabiliza su sistema nervioso, quita neurastenias y neurosis, además de ser imprescindible en la menopausia.

Ylang-Ylang:
Esta esencia es un buen afrodisíaco para la mujer, además de controlar la taquicardia y la hipertensión.

Proteja su hogar de las malas influencias

Colores

Magenta

Cristales que lo contienen:
Amatista.
Descripción:
Pallas, Atenea y Aeolus nos ayudan a reconocer las maravillas del Creador y contemplar que todo está en armonía con el Creador. Estos maestros nos dejan participar en la riqueza de nuestro universo, nos colman de ese sentimiento de riqueza, y ya no sentimos pobreza en nuestro interior, sino una inmensa sensación de riqueza.

Con este color podemos atraer a estas deidades del universo, aunque deberemos hacerlo para darles las gracias y para pedirles que nos ayuden en la curación de una enfermedad.
Síntomas que requieren de Pallas, Atenea y Aeolus:
La vida es horrible; odio a los seres humanos, destruyen todo: la naturaleza, los árboles; donde miro hay pobreza, men-

digos, gente sin techo, la vida es una tragedia. Estoy cansado de trabajar tanto, y en el mundo sólo hay guerras, destrucción. Para qué soñar, si sólo queda destrucción al final; no creo en la fuerza de la imaginación; sin riqueza material no se llega a nada en esta sociedad; el que es pobre, es responsable de su situación; yo, en cambio, tengo trabajo.

Azul

Cristales que lo contienen:
Turquesa, zafiro, ópalo.

Descripción:
Nos ayuda a sentir nuestra voz interior, a percibir la protección divina, cualquiera que sea nuestra situación externa de caos o inseguridad. Con este color conseguiremos una maravillosa paz interior, que nos permitirá sentir que todo en la vida tiene un significado y que podemos confiar en que todo saldrá bien.

Si dejamos de luchar y confiamos en la protección divina, y nos abrimos a su voluntad, sentiremos que dejaremos de sentir un gran peso, un enorme equipaje que venimos transportando desde hace mucho tiempo. Por tanto, aliviaremos la tensión y el dolor. También es necesario para los conjuros que curan enfermedades, especialmente aquellas que tienen connotaciones emocionales.

Síntomas que requieren el Azul:
Estoy en una continua lucha, y no sé qué tarea resolver primero. Intento realizar cosas, pero sólo encuentro obstáculos. Estoy solo en la vida y no sé adónde me conduce la vida que llevo. Me dejo influenciar fácilmente por otras personas y termino realizando cosas que no deseo.

Verde

Cristales que lo contienen:
Malaquita, ópalo, esmeralda, turmalina, olivina.

Descripción:
Esta entidad, Hilarión, nos ayuda a encontrar nuestro camino en esta vida, qué venimos a hacer en este planeta, así

como a analizar nuestras perspectivas. Tendremos el corazón abierto para emprender el camino y por ello debemos alegrarnos de estar vivos, de amar, de poder emprender cosas. En estos momentos Hilarión está a nuestro lado, sabemos intuitivamente hacia adónde ir, pues nos ayuda a mantener el ritmo sin cansarnos para llegar a la meta.

Los tonos verdes nos dan oportunidades en el trabajo, logros particulares y propiedades materiales, aunque todo ello gracias a la perseverancia. Nos proporcionan la fuerza suficiente para continuar manteniendo el camino elegido.

Síntomas que requieren de Hilarión:

Mi vida es un caos, me falta motivación para realizar alguna cosa. No tengo tiempo para nada, sólo trabajo y trabajo. Ya no puedo recordar cuándo descansé por última vez. Me gustaría hacer algo que realmente me agrade, y espero que alguien me diga hacia dónde he de ir.

Amarillo:

Cristales que lo contienen:
Ámbar, topacio.

Descripción:

Kuthumi nos ayuda a encontrar el camino de nuestra intuición. Éste es el camino del conocimiento, una red de energía global que nos une a todos los seres vivientes. Nos proporciona intuición y la apertura de los canales a los reinos vegetales y animales, a la comunicación con los ángeles, devas, hadas, que nos dejan sus mensajes. Es como una gran dimensión en la que se nos abren nuevas perspectivas, a las cuales debemos llegar despiertos, curiosos, abiertos como niños, sin miedo, para aprender, para enriquecernos a través del conocimiento.

La belleza irradia con este color, lo mismo que la energía pura. Nos ayudará a revitalizar nuestro cuerpo cansado, lo mismo que a lograr que los conjuros sean más eficaces. Una vela colocada en la zona norte del altar dará fuerza a cualquier cosa que estemos haciendo.

Síntomas que requieren a Kuthumi:
Nunca lo comprenderé, soy muy tonta/o para ello. No puedo hacerlo, jamás lo lograré, tengo miedo de no lograrlo. Soy un cobarde, sólo creo en lo que ven mis ojos, sólo creo en esta vida, después no hay nada; el que cree en ángeles está loco. Carezco de fantasía, no puedo imaginar, sólo creo en lo que veo con mis ojos.

Naranja

Cristales que lo contienen:
Ónix, cuarzo rosa, ágata, ámbar, topacio.

Descripción:
Estos maravillosos maestros, Lao Tse y Kwan Yin, nos ayudan a encontrar el camino para saber a qué venimos a este planeta, cuál es nuestra tarea. Nada sucede casualmente, estamos siempre en el lugar adecuado y en el momento adecuado (aunque a veces nos parece lo contrario). Todo encuentro con otro ser o circunstancia, el libro que estábamos esperando, la conversación con un amigo que responde a una pregunta hace mucho tiempo formulada, todo tiene su sentido. Es una cadena de acontecimientos que nos permiten madurar, crecer, aprender, obtener todo lo que necesitamos, en lo material, espiritual, y encontrar las respuestas a nuestras preguntas. Nuestra vida se modifica y sentimos alegría de estar aquí.

Síntomas que requieren de Lao Tse y Kwan Yin:
Me faltan los medios, no tengo el conocimiento para realizar mis planes. No sé cómo accederé a ello. Sólo he tenido experiencias horrendas en mi vida y no puedo liberarme de mi dolor. No puedo hablar de mis sentimientos. No puedo decidirme, todos reciben apoyo y ayuda, sólo yo no. La vida me castiga, me falta energía para emprender algo nuevo, tengo miedo de los cambios.

Rojo

Cristales que lo contienen:
Jaspe, pirita, carneol, rubí, hematita, obsidiana.

Descripción:

Como una gran copa de la cual quedan restos de líquido y se limpia con nueva energía de dentro hacia fuera, así es el líquido vital regenerante del amor que nos colma. Es el amor que nos inspira, con esa energía del amor sin condiciones, y con la cual experimentamos vitalidad y empezamos a comprender el dolor ajeno, el sufrimiento. Este color representa la energía, la fuerza para continuar luchando y el poder para efectuar la lucha. Una cuerda roja formando parte del atuendo proporciona energía en los rituales.

Síntomas que requieren al Cristo:

Estoy siempre agotado espiritual y físicamente. Tengo la sensación de que nadie me quiere, he dado tanto en mi vida que ahora les toca a los demás. Sólo hago algo a cambio de lo que recibo. El que sufre, se lo ganó, pues cada uno es dueño de su destino. Soy demasiado bueno, siempre soy utilizado por los demás, y cuando alguien me demuestra cariño no quiero aceptarlo.

Magia corporal

Experimente para ver su propio cuerpo astral

Haga estos rituales preferentemente en grupo, en la oscuridad, encima de una esterilla y con un fondo negro. Mire sus dedos y alrededor de ellos, y notará que la parte de atrás es más luminosa. Un azulado transparente y ligeramente brillante es el aura, la responsable de la parte electrónica astral de su cuerpo. Uniendo sus manos cerca el circuito electrónico se hará más visible. Algunas personas tienen su cuerpo astral bastante fuerte y brillante y se extiende diez milímetros más allá de su cuerpo físico. Habitualmente, entre dos y cuatro milímetros es considerado como promedio para una persona saludable.

Los expertos en física están en el proceso de descubrir que los electrones de nuestro cuerpo astral tienen tremenda inteligencia, así como capacidad de memoria, y es posible que controlen todas las funciones de nuestra mente y cuerpo, incluso los procesos de curación. Este cuerpo astral es realmente una realidad que se está poniendo en evidencia gracias a la investigación que sugiere que la organización de nuestra conciencia es hológrafa.

Usando la jerga de los ordenadores, nuestro cuerpo físico es el hardware, equipado con sensores, transmisores, receptores y chips, y el cuerpo astral electrónico contiene el software, la memoria, el almacenamiento de los datos, así como la conciencia y la capacidad operadora para decidir qué debe hacer.

Nuestros cuerpos físicos son imperfectos, básicamente porque no hemos desarrollado todavía plenamente nuestra conciencia para controlarlo en cualquier momento. La última meta es poder controlar conscientemente la actividad de cada célula de nuestro cuerpo y en particular para regenerarlas a voluntad. En esta fase nosotros conseguiremos estar siempre fuertes y sanos, y dependerá de nosotros cuándo y cómo queremos cambiar nuestros cuerpos físicos.

En el futuro, cuando alcancemos un nivel más alto de conciencia, nuestro cuerpo astral se conectará a esta conciencia superior y recibirá todas las sensaciones y experiencias de nuestra vida, proporcionando un conocimiento aumentado sobre la existencia.

El objetivo de la meditación es alcanzar la luz y el nirvana, para ser conscientes de que estamos vivos. Cuando usted pueda alcanzar tal estado de «conciencia más alta» durante su vida, incluso por unos segundos, se convierte en «ilustrado» o «conectado» y empieza a entender cosas que nunca antes era consciente de ellas.

La tecnología y el conocimiento material deben ayudar en el desarrollo espiritual individual, y no ser usados para controlar a las personas en la jaula de un mundo material, que es, sin embargo, temporal y efímero.

Nuestro cuerpo astral es eterno, nunca se muere, existe y existirá mientras exista el universo. Nosotros tenemos todo el tiempo del mundo, la eternidad misma, para aprender y progresar. Podemos aprender lento o rápido, o no aprender en absoluto; es nuestra opción, como siempre.

Hay sólo dos cosas que pueden dañar severamente el desarrollo de nuestro cuerpo astral y hacerle retroceder: las drogas y un fuerte o prolongado ruido.

Las drogas alteran las sensaciones enviadas a nuestro «ego más alto», proporcionando información falsa. Necesitamos muchas vidas para conseguir la información adecuada y la alta intensidad de la música en las discotecas, o el prolongado ruido molesto del tráfico; dificultan la conexión al «ego superior» y se recibe una información equivocada que puede necesitar muchas vidas para corregirse.

ÍNDICE